“互联网 +”视域下的高校教育管理与研究

蔡万巧◎著

文化发展出版社
Cultural Development Press
·北京·

图书在版编目（CIP）数据

“互联网 +”视域下的高校教育管理与研究 / 蔡万巧著. — 北京 : 文化发展出版社, 2023.10

ISBN 978-7-5142-4143-3

Ⅰ. ①互… Ⅱ. ①蔡… Ⅲ. ①高等学校－教育管理－研究 Ⅳ. ① G640

中国国家版本馆 CIP 数据核字 (2023) 第 213100 号

“互联网 +”视域下的高校教育管理与研究

蔡万巧 著

出 版 人：宋 娜

责任编辑：任秀颖　　　　责任校对：侯 娜

责任印制：邓辉明　　　　封面设计：守正文化

出版发行：文化发展出版社（北京市翠微路 2 号 邮编：100036）

网　　址：www.wenhuafazhan.com

经　　销：全国新华书店

印　　刷：天津和萱印刷有限公司

开　　本：710mm × 1000mm　1/16

字　　数：180 千字

印　　张：10.5

版　　次：2024 年 3 月第 1 版

印　　次：2024 年 3 月第 1 次印刷

定　　价：72.00 元

I S B N：978-7-5142-4143-3

◆ 如有印装质量问题，请电话联系：010-58484999

前　言

在信息时代，传统行业纷纷转向互联网模式，教育行业也不例外，互联网的迅猛发展给教育行业带来了前所未有的变革。教育管理是高校管理工作的核心，它贯穿于教学的各个环节，实现高校资源的最佳配置，科学安排教学计划，以保证教学的顺利进行。近年来，随着我国经济的快速发展，社会对人才的要求逐渐提高，对高校教育管理的关注度也越来越高。

随着时代的发展，高校教育管理已经成为我国高等教育的重要组成部分。从计划经济体制到市场经济体制，高校教育不仅要满足精英教育的需求，还要满足社会对人才的需求。因此，高校教育管理必须不断更新和完善，以满足时代的发展需求，满足社会的需求，促进高校的可持续发展，促使高校教育教学和考试管理在各个方面不断发展和改革，以适应社会变化及现代教育理念的新需要。然而，我国高校普遍存在办学同质化、管理行政化和学习“快餐化”的现象，严重地阻碍了我国高等教育的发展，影响了我国建设高等教育强国战略目标的实现。

本书第一章为绪论，介绍了“互联网 +”的概念、“互联网 +”时代的特征以及“互联网 +”时代高校教育的发展。第二章介绍了高校教育管理的基本理论，包括高校教育管理的内涵和本质、高校教育管理的特点和高校教育管理的原则。第三章是对国外高校教育管理的借鉴，分别对美国、英国以及亚洲国家的高校教育管理进行探究，借鉴其先进经验。第四章分别从高校课程与课程考试管理、高校教师与学生管理、高校文化与行政管理几方面对我国高校教育管理的实施进行介绍。第五章介绍了我国“互联网 +”视域下高校教育管理现状，包括“互联网 + 教育”的核心与本质以及“互联网 +”视域下高校教育管理面临的机遇和挑战。第六章对“互联网 +”视域下高校教育管理的革新进行了论述，分别从“互联网 +”视域下高校教育管理革新的目标、理念、途径展开介绍。

在撰写本书的过程中，作者得到了许多专家学者的帮助和指导，参考了大量的学术文献，在此表示真诚的感谢！由于作者水平有限，本书难免存在一些疏漏，在此恳请同行专家和读者朋友批评指正！

蔡万巧

2023 年 4 月

目 录

第一章　绪论

互联网技术是一种传输数据的技术，它类似于人的神经系统，发挥着连接不同设备、传递各类信息的功能。作为数字治理和智慧治理的“根”技术，互联网技术的运用不仅拓展了人们获取信息的宽度和广度，还渗透至社会生活的各个领域，由此形成了“互联网 +”时代。因此，互联网最大的意义是给社会又增加了一维空间——网络社会空间，并由此产生了网络经济和平台经济。

第一节　“互联网 +”的概念

2012 年 11 月，易观国际董事长兼首席执行官于扬在易观第五届移动互联网博览会上首次提出“互联网 +”理念，引领了国内互联网的发展方向。随着时间的推移，“互联网 +”将成为一种新的、具有普遍性的，能够满足多屏、全网、跨平台用户需求的化学公式。2014 年 11 月，李克强同志在首届世界互联网大会上强调，互联网已成为大众创业、万众创新的重要工具。因此，企业应该积极探索如何利用互联网技术，发掘自身所处行业的“互联网 +”，从而实现创新发展。2015 年 3 月，在全国人大代表马化腾的议案《关于以“互联网 +”为驱动，推进我国经济社会创新发展的建议》中，“大众创业、万众创新”被视为我国经济发展的关键，它不仅能够促进经济的发展，还能够激发社会创新的活力，发挥出“新引擎”的重大作用，从而实现我国经济的持续发展。马化腾强调，“互联网 +”应该成为一种引导力量，激发产业创新，加快跨界融合，改善社会民生，推动我国经济和社会的可持续发展。“互联网 +”则旨在将互联网、信息通信技术、传统行业等多个领域有机地整合，形成一种全新的生态系统。他期待着将此类生态战略作为一项重要的国家战略来实施。2015 年 3 月 5 日，在十二届全国人大三次会议上，李克强同志在政府工作报告中首次提出“互联网 +”行动计划。李克强在政府工作报告中提出，“制定‘互联网 +’行动计划，推动移动互联网、云计算、大数据、物联网等与现代制造业结合，促进电子商务、工业互联网和互联网金融健康发展，引导互联网企业拓展国际市场”[①]。2015 年 7 月 4 日，经李克强同志签批，国务院印发《关于积极推进“互联网 +”行动的指导意见》，这是推动互联网由消费领域向生产领域拓展、加速提升产业发展水平、增强各行业创新能力、构筑经济社会发展新优势和新动能的重要举措。2015 年 12 月 16 日，第二届世界互联网大会在浙江乌镇隆重召开，在“互联网 +”论坛上，中国互联网发展基金会与百度、阿里巴巴、腾讯联合发起，成立“中国互联网 + 联盟”，以推动互联网的发展。

“互联网 +”是一种以互联网技术为基础的两化融合，它把信息化的核心特性融入了工业、商业、金融等服务行业，以实现“+”的融合，而实现融合的最终目的，则需要不断地创新，以使融合的结果更加具体、更加实际。“互联网 +”的出现标志着知识社会创新 2.0 的开启，它不仅改变了传统的互联网发展模式，而且迈向了一个全新的经济社会发展阶段。

“互联网 +”是知识社会创新 2.0 的重要组成部分，它为社会经济发展提供了新的可能性，并且促进了互联网的发展。“互联网 +”是对互联网思维的深入探索，它为社会经济的发展提供了更加全面的支持，为改革、创新和发展提供了更加宽广的空间。“互联网 +”的核心概念是互联网，这也是“互联网 +”计划的基础。“互联网 +”计划则更加细致，从两个层面来描述：一方面，“互联网 +”的文字“互联网”和符号“+”应该有所区别。“互联网 +”计划旨在将互联网技术与传统产业相结合，以实现更高效的经济增长。“+”的含义表明，该计划旨在使多个产业之间的联系更紧密，以实现更高效的经济增长。“互联网 +”的核心理念在于，将传统产业的技术转变为更具有创造力的数字技术，以实现更高水平的经济增长。随着科技的不断发展，互联网已成为一种重要的工具，它以其开放、平等、互动的特点，给传统行业带来了巨大的变革，并利用大数据的技术，深入探索了供需关系，重塑了传统行业的生产模式和产业结构，为推动国家经济的可持续发展做出了重要贡献。

① 马志颖．当代课程与教学论[M]．上海：上海交通大学出版社，2020．

第二节 “互联网 +”时代的特征

“互联网 +”和“互联网 + 各个传统行业”都是借助信息通信技术和互联网平台，将互联网与传统行业有机结合，构建出一种全新的发展模式。“互联网 +”旨在充分利用互联网的优势，把其应用到经济、社会等多个领域，从而推动社会创新能力和生产力的提高，构建一个以互联网为核心的、可持续的经济发展模式。近年来，“互联网 +”已经影响到许多行业，如电子商务、互联网金融、在线旅游、在线影视、在线房产等，“互联网 +”时代的六大特征值得关注。

一、跨界融合

“+”本质上是一种跨界融合，它不仅仅是一种变革，更是一种开放、一种融合协同。只有勇于跨界，才能建立起更加坚实的创新基础；只有融合协同，群体智能才能实现，从 R&D 到产业化的路径才能更加垂直。融合也指身份的融合，客户消费转化为投资，伙伴参与创新，等等。

融合可以提高开放度，增强适应性。如果互联网能够融合到每个行业里，那么无论对于互联网还是传统行业，都是一件好事。

植物嫁接可以带来惊人的变化，亲和力是影响植物嫁接的关键因素。当双方的亲和力较高时，嫁接成活率也会较高；反之，嫁接成活率会较低。“互联网 +”的机理与此类似，即要求双方具有融合性、连接性、契合性、开放性和生态性，而不是单方的亲和力。

融合不仅仅是一种气度，更是一种力量、一种勇气、一种追求。它使得适者生存，使得企业拥有更多的资源和能量。在当今这个充满竞争的时代，产业的变革和创新已经变得越来越常见，而产业的融合也正在成为一种潮流。

二、创新驱动

现在是信息经济、数据经济时代，这个时代经济发展的关键驱动要素是资源、客户和创新。在我国改革开放的前几十年，经济发展以资源驱动为主，客户驱动为辅，而创新驱动不足。因此，必须从粗放的资源驱动型经济增长模式向创新驱动型经济增长模式转变，勇于打破垄断格局和条框限制，克服束缚生产力发展的因素，建立一个可以跨越界限、可以协作、可以融合的环境和条件，以实现可持续发展。互联网的特性使得我们能够通过思考来改变世界，从而发挥创新的力量。

科技创新在国家发展全局中居于什么位置？2015 年 3 月 13 日，中共中央、国务院颁布的《关于深化体制机制改革加快实施创新驱动发展战略的若干意见》中旗帜鲜明地作出了回答：“把科技创新摆在国家发展全局的核心位置，统筹推进科技体制改革和经济社会领域改革，统筹推进科技、管理、品牌、组织、商业模式创新，统筹推进军民融合创新，统筹推进引进来与走出去合作创新，实现科技创新、制度创新、开放创新的有机统一和协同发展。”

政府的信号表明，我国正在迈向一个全新的发展阶段，即以创新为驱动力的转型。未来，我国将以创意、创新、创业、创造为驱动力，突破传统的机制壁垒，激发个人的创造力，推动协同创新、跨界创新、融合创新，实现“新常态”的目标。

将增长动力从要素驱动转变为创新驱动，是我国经济发展的关键所在。只有激发各类主体的积极性，建立以企业为主体、产学研用协同创新的机制，才能使科技创新在市场的沃土中取得持续的成果，从而使我国经济发展更加稳健、持久。

三、重塑结构

随着互联网时代的到来，重塑结构已经成为不可避免的趋势。信息革命、全球化以及互联网技术的发展，彻底改变了社会、经济、关系、地缘和文化等各个领域的结构，并且带来了权力、关系、连接规则和对话方式等多种要素的变化。

目前，互联网已经深刻地影响着人们的生活方式。它不仅改变了人们之间的关系，还打破了传统的角色划分，使得人们能够根据需求自由切换角色。此外，它还打破了传统的游戏规则，并且创造出一种全新的管控模式。它重塑了社会，使得人们能够在弱关系的环境中重新建立起合作与信任。

随着互联网的发展，新的技术和人际关系不断涌现，“互联网 +”将我们带入一个智慧的世界，让我们可以以更快的速度、更低的成本在更舒适的环境中生活。

互联网的出现彻底改变了我们的生活方式，它打破了传统的界限，消除了信息的不对称。它使得信息的传播更加自由，人们可以自主地参与到社区中来，进行个性化的思考。企业管理者应该把接触点设计作为一项基本技能，同时也应该重视注意力、引爆点等因素，以此来提升商业运营和品牌传播的效果。

随着互联网的发展，组织、雇佣和合作的概念发生了巨大的变化，互联网ID（身份标识号码）也成了个体竞相追求的目标。现实世界和虚拟世界之间的联系变得越来越紧密，自我雇佣、动态自组织和自媒体也在不断发展，而且连接的协议也可以完全由个人来定义。

通过互联网，我们大大减少了交易成本，并且极大地提高了社会的运营效率。例如，我们可以在手机上轻松完成购票等事情，而无需花费大量的时间和精力。随着技术的进步，移动互联网的用户需求变得更加复杂，如通信、娱乐、购物等。

随着互联网的发展，用户可以拥有更多的选择权，接触到丰富多样的信息，让用户体验到前所未有的个性化定制服务。某品牌的互联工厂就是一个很好的例子，它可以根据客户的个性化需求，为他们提供定制化的空调服务。互联网为用户提供了一个充满智慧的平台，让他们可以参与设计、创新、传播和内容创造，而用户对物流和产品的评价也可以作为一种参与管理的方式。随着互联网的普及，“众”经济已成为一种全新的社会结构、商业模式、生活方式和经济模式。众，既是大众，又是小众、个体；既是自己、伙伴，又是外部世界；既是标准，又是个性；既是集中，又是民主。

四、尊重人性

人类的潜能是推动科学发展、经济繁荣、社会进步和文化发展的基础，而互联网的强大力量正是建立在对人类的尊重、对人类体验的敬畏和对人类创造性的重视之上。人类的特质决定了我们的行为，决定了我们的体验、尊严、驱动力、方向、市场、需求和合作。

人性是一切联系的基础，它是最佳的协议，也是最重要的逻辑；它是一切联系的根源，是一切融合的起点，也是一切存在的原因。无论是一次交流，还是一个平台，都应该以人性为出发点，进行思考、开发、设计、运营、创新和改进。

人性是检验的标尺，人性是关系的核心。重视人性、尊重人性的机构，可以为服务增值。传统的行业、过去的服务谈转型、讲升级，最根本的出发点是不要忘记初心——基于人性。

五、开放生态

企业和行业应该优化内部生态，并与外部生态建立联系，形成融合的生态系统。

良好的生态环境可以激发创造力，促进创新，推动转型升级，带来社会价值的创新；而不良的环境、滞后的规制则会阻碍创新的发展。

（一）“开放度”决定行业、企业的命运

未来的商业将是一个无限的世界，而衡量企业跨界能力的关键因素就是开放性和生态性。如果局限在一个封闭的环境中，那么创新将很难实现，因此，企业必须以开放的心态去深入探索跨界战略，以便设计出更具创新性的商业模式。

开放性是跨界思维的核心，它可以帮助企业发现与外部要素之间的共同点，并且为跨界合作提供规则。未来，企业应该把自身的生态系统扩展到更广阔的领域，与外部的生态系统进行协同、交互和融合，从而有效地推动创新。

（二）创意、创新、创业，生态为上

我们应该鼓励大众创业，让更多的人参与到创新中来，培养一大批创新型小微企业，并使它们成为未来经济发展的支柱。实现目标的关键在于建立一个充满创造力、创新思维和创业活力的生态系统。这个系统需要经过精心设计，并且要求各个要素之间保持联系，以及形成一个有机的信息交流网络，而不是孤立无援。

“互联网 +”强调要素间的交互、分享、融合、协作，以及保持各要素的独立性，这是一个非常重要的特征。“互联网 +”致力于打破过去的制约，把孤岛式的创新连接起来，让企业研发由市场驱动，让创业者有机会实现价值。

为了构建一个开放的生态，我们必须消除阻碍创新的因素，同时以人为本，以市场为基础，让创新、技术和资本的结合，以及知识产权和价值的创新，符合我国的发展目标，也符合社会价值创新的要求。

六、连接一切

要想深入理解“互联网 +”，就必须把握“连接”与“互联网 +”之间的联系。

跨界融合、创新发展需要建立在连接之上，而“互联网 +”则是一种以连接为基础的对话方式，它的方式、效果、质量和机制决定了“互联网 +”的广度、深度和持续性。

“互联网 +”的目的在于建立一个多层次的、具有多样性的、具有多样价值的连接。这三个层面的连接、交互和关系各具特色，它们的形成、发展和维护都会影响到整个社会的发展。“连接”汇集了众多机构与服务，能够在短时间内吸引大量流量。“交互”起着至关重要的作用，它不仅能够将流量引入，还能够促进彼此之间的信任与依赖。“关系”则是一个将连接、创新、商业融为一体的平台，它所积累的信任关系将成为连接的终点，也将成为商业发展的阶段性目标，更将成为社会价值创新的基石。

连接世界的基本要素包括技术、场景、参与者、协议和信任。信任可能不是所有这些要素中最重要的一个，但它确实是连接世界的关键因素之一。云计算、物联网和大数据技术可以帮助我们更好地理解这些要素，并为我们提供更多的可能性。随着互联网的发展，信息不对称性得到了有效的降低，使得连接节点的可替代性大大提高，而信任则是最佳的判断因素，它使得“+”成为可能，使得其他要素和信息不会被阻塞或延迟，也使得某些节点不会被屏蔽。

若想在“互联网 +”时代获得成功，建立起良好的信任关系至关重要。未来的企业的存亡、增长的速度、发展的可持续性，将依赖于信任。“互联网 +”的出现将激发一种强大的力量，促使诚实、信任的重新建立，从而为促进社会发展提供有力的支撑。

第三节　“互联网 +”时代高校教育的发展

随着互联网时代的到来，我国高校教育发展也面临着一场革命。互联网对于教育的深刻影响是显而易见的，也将是持续的。因此，我国高校教育必须顺应发展趋势，抓住机遇，乘势而上，加快推进教育现代化进程。为了更好地满足“互联网 +”时代人与社会的发展需求，高校教育应从以下几方面进行转变。

一、知识传递向网络化与内需化转变

（一）知识获取的便捷性与直观性

随着现代信息技术的飞速发展，它已经成为一种极具革命性的力量，不仅极大地改变了人们的学习、工作和交流方式，还打破了时空的限制，使得信息的传播、知识的获取、跨越地域的联系都变得更加便捷。这一切都是前所未有的，它以每十年成百倍的速度发展，改变着人们的交流、思考与学习的方式，让越来越多的人习惯于利用智能终端进行碎片化的学习。

“互联网 +”时代的到来，移动终端的普及，人们获取知识的方式变得更加便捷和直观。因此，高校作为培养高级专业人才的社会机构，必须充分利用网络传输的优势，提升知识服务的广度和深度，以满足社会发展的需求。高校学生在信息时代的背景下成长，他们不仅是当前高校教育的主要受众，也是微博、微信等社交媒体的主要用户群，习惯于通过各种 App 获取信息。此外，科技的发展也要求高校教学模式多样化，通过移动终端让学生更加便捷地获取更多的知识和信息。

（二）知识获得趋向按需分配

随着信息技术的发展，传统的行为主义教学模式已经不再适用。相反，新型的教学方法更加注重培养学生的主动性，让他们能够主动思考、探究、实践，而不仅仅局限于课堂上的陈述性知识和程序性知识。“互联网 + 教育”提供了一个全新的视角，它是一个更加全面的知识体系，它以学生的内在需求和兴趣为基础，通过在线检索和学习相关课程资源，激发学生的学习热情，让他们不再只是被动地接受，而是能够更加主动地去探索和实践。学生应该有明确的目标和计划，并且在遇到问题时可以自发组织学习社区，讨论学习和寻求解决方案。“互联网 + 教育”提倡的是一种按需获取知识的理念，让学生根据自己的需求获取知识，并建立更有效的经验反思和心智模型。这显然有助于改变高校教育中以教师为主导的学习方式。高校教育不能停滞不前，而应该重新审视自身，以应对“互联网 + 教育”的竞争。慕课的出现，将迫使全球顶尖大学不断努力，以满足学生的需求，提升教学质量，而不是仅仅停留在口头上的讨论。因此，高等教育的重点已经从单纯的知识传授转变为以能力为导向的培养。大学作为一个提供人们探究真理、展示个人潜能的场所，在这里，学生不仅要接受知识的洗礼，还应该激发自己的潜能，勇敢地去发掘、创造，而不能被动地接受，以成绩为标准。大学生应该根据自身的兴趣和特长，寻找最佳的发展道路，从而使大学的价值得以体现。

二、教学向个性化与互动型转变

随着信息技术和知识经济的飞速发展，人们获取知识和信息的方式和途径发生了巨大的变化，打破了传统课堂的局限，使得优质的课程资源可以在全球范围内得到共享。在这样的背景下，人们的个性发展和创造力的充分发挥成为当今社会的核心课题。因此，教育必须面向全体，培养全面的人才，这就要求高校教学要向个性化和互动型转变。

（一）以因材施教为基础的个性化学习

通过因材施教，教师可以根据学生的不同特点，为他们量身定制最佳的课堂环境，以满足他们的学习需求，激发他们的潜力，这也正是个性化教育取得成功的关键所在。随着“互联网 +”的推行，个性化教育已成为一种新的教学模式，它强调了学生的个性化需求，并且通过提供丰富的学习资源、自主学习等方式，帮助学生实现自我价值的最大化，从而实现自身的全面发展。

首先，教师应该坚信，通过适当的教育，每个学生都可以发挥出最大的潜能，实现自我价值。教育不是一种功利性的行为，而是要激发每一个人的潜能，让他们发挥出最大的潜力，从而实现真正的教育。教师应该以生命为出发点，将教育视为一种信仰，积极关注学生的成长，通过教育让有天赋的人能够树立自己的人生目标，并实现自己的人生价值。

其次，根据加德纳（Gardner）的多元智能理论，每个人都具备八种独特的智力，但由于它们的数量和结构的差异，他们的行为和思维模式也会各异。因此，教师在课堂上应该采用多种多样的教学策略，以满足学生的差异需求。为了提高教学质量，教师应该采用多种教学模式，鼓励学生根据自己的特点和喜好来选择学习内容，并且应该尽量让他们参与不同的学习活动。教师还应该多使用异质分组的合作方式来促进学生之间的交流与互动，从而取得更好的成绩。随着当今网络上的资源日益丰富，教师可以利用这些资源来设计出具有多样性的课程，使之与学生的日常生活紧密相连，从而为他们的全面成长创造出更加广阔的空间。

最后，教师应该采取多种方式来评价学生，而不是仅仅依靠分数。教师应该采取合理的评价方式，并给予学生适当的指导，让他们保持良好的学习状态。

（二）教师角色的转变

在传统的高校教育中，教师一直被视为传授知识和技能的主体。教学方式是从上到下的，教师与学生之间的关系是传授知识和接受技能的关系。尽管"互联网＋教育"模式下的多媒体技术已被广泛应用于高校教育，但学生的独创性和逻辑能力仍然未得到显著提升，以教师为中心和以教材为中心的局面仍然存在。因此，知识仍然是媒介和催化剂，学生仍然是主体，他们需要更多的关注和参与。随着互联网技术的发展，学生可以通过网络获取更多的知识，这一变化给教师带来了前所未有的挑战，他们必须转变自己的角色，以适应新的教育环境。

随着网络教育的发展，教师的角色也在不断变化。他们需要经过专业训练，扮演多元化的社会角色，包括设计者、参与者、组织者、引导者、服务者、合作者、研究者和创新者，他们需要担当导学员、信息员、管理员、咨询员、辅导员、协调员、监督员和裁判员等多种角色，以满足社会对教育的需求，促进教育的发展。

信息化时代，教师应该树立正确的角色认知，通过实例宣讲或试验对比等方式，认识到传统教师角色的局限性，并意识到自己不再是知识的权威，而是要在教学中不断反思自己，以满足学生的发展需求。实践表明，教师只有积极转变角色，才能更好地适应教育教学的发展。因此，高校应该建立一个有效的激励机制，给予教师充足的物质和精神支持，以激励他们在教育信息化的道路上不断前行。高校应该采取多种措施，如组织课程设计比赛、开展信息技术校本培训等，以激发教师的积极性与创新精神，并帮助他们实现职业发展的转型。为了提升学生的信息技术素养，高校应该积极开发和运用多样化的资源，开设符合自身特点的培训课程，以确保教师可以有效地实现职业转型，并最大限度地满足学生的需求。

三、人才培养向自我实现与公民责任转变

（一）人人可以成才的自我超越或自我实现取向

自我超越的概念是由弗兰克尔（Frankl）提出的，他认为人真正的追求就是超越自我，这种追求包括对自然、社会以及人所处位置的探索。通过自我超越，人可以重新认识自己，冲破成长的上限，挖掘向上的欲望，以一种积极的态度追寻梦想，直面生活。① 自我超越是一种不断发展和完善的过程，它需要人们拥有自我意识，以及对“我是什么”的认知。“我可能是什么”则是一个永恒的课题，它提醒我们要不断探索自我，以及更好地理解自己，从而实现自我超越。教育是一种不断激发人们自我反思的过程，它旨在帮助人们实现自我价值，从而实现自我超越。

因此，教育应该回归本质，特别是高校教育，以帮助人们实现自我超越。高校应当树立一种让每个人都能成为有价值的人才的理念。正如赫舍尔（Heschel）所说：“我们认为自己是什么样的人，我们就会成为什么样的人。”② 相信“人人都可以成才”是一种自我意识，它不仅是一个教育的目标，还是一个不断探索、发展、超越自我的过程，它能够激发人们内心深处的潜能，让教育更加真实、有趣。“人人可以成才”的理念与人类本性相符。德国学者兰德曼（Landmann）曾说：“人在本质上是不确定的，自然是使人走完一半，另一半尚待人自身去完成，所以人是可以塑造自己的。”③ 由于人类具有未知性，因此我们可以在日常生活中不断改变自己，并且可以根据自己设定的目标来不断挑战自我，最终实现自我超越。

（二）同理心驱动的公民责任

“同理心”一词源自希腊文，是情商（EQ）的重要组成部分。它代表了一种能力，即敏锐地感知他人的情绪、思维、立场和感受，从而使双方能够建立起真诚的友谊，即以自己的角度去理解、尊重、关怀他人，以减少彼此之间的误解和矛盾，并培养出一种认同感和宽容心。

---

① 维克多·弗兰克尔．活出生命的意义[M]．吕娜，译．北京：华夏出版社，2010.

② 赫舍尔．人是谁[M]．隗仁莲，译．贵阳：贵州人民出版社，1994.

③ 米切尔·兰德曼．哲学人类学[M]．张乐天，译．上海：上海译文出版社，1988.

随着年龄的增长，人的同理心也在不断地改变。根据发展心理学的观点，从婴儿开始，人的同理心就已经存在，而且随着年龄的增长，这种能力也会得到提升。因此，家长和教师应该以积极的态度去培养孩子的同理心，让他们明白自身的行为可以对周围的环境产生积极的影响。反之，如果父母和其他教育者过分关注自己的行为，而忽略了他人的感受，那么这种教育方式会让孩子的同理心变得越来越弱，甚至最终导致他们缺乏必要的同理心。

随着人们的经历和关系的多样化，我们更容易理解社会的复杂性，以及人类的生存环境。虽然网络社会为人们提供了更多的沟通渠道，如在线聊天、论坛交流等，促进了彼此之间的互动，也培养了一定的同理心，但是，由于网络世界的局限性，要想真正培养同理心，就必须依靠实体感知和当面交互。因此，在日常生活中，高校应该努力营造一个和谐、温暖、友好的氛围，激发学生的同理心。为了做到这一点，高校在人才培养的过程中应该充分利用同理心的推动作用，深入了解学生的心理特点，合理指导他们的成长，并将这种推动作用看作一种公民责任。通过加强高校教育，不仅可以提升学生的素质，还可以增进人际交往，推动社会的发展和进步，激励人们追求文明、和谐的美好未来。

四、师生关系向新型“师徒制”转变

高校师生关系是一种重要的社会互动，它旨在建立一种有效的沟通渠道，以便更好地传播知识、促进信息交流、增强情感联结，从而有助于学生的健康成长。良好的师生关系不仅可以确保教育教学的有效实施，还可以激发学生的潜力，推动他们走上正确的道路，形成一个健康的、充满活力的社会环境。

当今时代，教师不再仅仅是知识的权威，而是一个负责任的、有效的、充满活力的指导者，他们的行为不再局限于传授知识的层面，而是能够与学生进行有效的沟通，建立起一种真正的平等与互动的关系。“互联网 + 教育”的出现彻底改变了传统的教育模式，使得教师的角色从传统的指导者转变成了学生的导师，让学生能够更加自由地选择和掌控自己的学习计划和时间安排。在“互联网 +”模式下，师生之间的关系变得更加紧密，学生在学习中的主动性得到了充分发挥，教学信息传递呈现双向互动的状态。为了更好地促进高校的发展，师生关系也应该进行相应的调整，朝着新型“师徒制”模式发展。

（一）一对一互动的“师徒制”

师徒制是一种以培养个人能力为目标的学习模式，它通过一对一的指导和实践活动来帮助学生掌握知识和技能，并从中获得人生的真谛。在我国古代，师徒制是一种传统的教育方式，它不仅可以传授理论知识，还可以传授建筑、纺织等应用型技术，培养出大量优秀的人才。在中世纪，古希腊和欧洲的教师和工匠以广招学徒的方式传授知识和技艺，这种模式也被广泛应用于西方国家。师徒制具有内容全面、学习与实践紧密结合等优势，有助于建立良好的师徒关系。随着现代互联网技术的发展，高校应当抛弃传统的师徒模式，采用一对一的长期合作和指导模式，以满足不同学生的个性化需求，推进师生之间的交流和互动。通过将现代信息技术与传统的师徒一对一指导结合起来，可以构建一个便捷的交流平台，让一对一的教学模式不受地域和时间的限制，从而拓展出更多的可能性，并且让师徒制度更具有实效，加强了师生之间的互动，促进了师生关系的和谐发展，推动教育教学朝着对话和交流的方向发展。

（二）终身指导的导师制或亲友制

1965 年，朗格朗（Lengrand）首次提出“终身教育”的概念。他明确指出，终身教育不是一个具体的实体，而是某种思想或原则的泛指，代表了一个人一生的教育与社会全部教育的总和。[①] 终身教育已经成为一种新的教育模式，它不仅可以帮助我们更好地适应未来的挑战，还可以促进个人的成长。欧盟将其定义为一种全面的、可持续的学习过程，旨在帮助我们获得更多的知识和技能，从而实现我们的梦想。许多国家正努力打造一个全面的终身教育体系，以促进学习型社会的发展。我国虽然对终身学习这一概念的引进相对较晚，但是自 1979 年《学会生存：教育世界的今天和明天》一书出版以来，到 2009 年，我国提出要建设“学习型社会”的城市超过 60 个，部分省份也出台了相关政策并开始具体落实，如上海市在 2009 年 4 月全面开通了终身学习网，可容纳 40 万人进行在线学习。

随着全民终身学习的普及，在当今这个充满活力的时代，高校教师不仅要传授知识，还要担负起终身指导的重任，以及建立良好的师生关系，使得每个人都可以获得有效的学习资源，从而实现全民共享知识的目标。

---

① 保罗·朗格朗．终身教育导论[M]．滕星，等译．北京：华夏出版社，1988．

随着信息时代的发展，未来终身指导的导师制或亲友制应当更加注重以下几点：第一，终身学习的理念应该贯穿高校教育的全过程。高校不仅是一个探索和传承知识的场所，更是一个潜移默化地激发人们思考的地方，是一个让先进理念得以实践的心灵家园。只有将终身学习的理念深植于学生的内心，让他们意识到终身学习的重要性，他们才能保持一颗积极向上的心，从而推动社会的发展，实现社会的进步。第二，“互联网 +”技术平台的迅猛发展为终身教育提供了一个全新的机遇，它不仅可以为师生之间提供更加便捷的交流渠道，还可以为每个人提供个性化的服务，从而实现教育信息平台的全面覆盖。通过教育信息平台，教师和学生可以在任何地方进行面对面的交流，从而使学生获得更多的指导和帮助。随着社会的进步，终身学习已经成为个人发展和社会进步的必要条件，师生关系也变得越来越紧密，教师成为终身导师也将成为一种必然趋势。

第二章　高校教育管理的基本理论

21世纪以来，科学技术有了长足的发展，综合国力的竞争日趋激烈。在高等教育改革的不断深化中，教育管理工作的改革显得尤为重要，成为提高教学质量的关键因素之一。高校要全面提高教学质量、促进科学发展，不仅要加强办学条件、教学设备等硬件建设，更需要强化教师队伍、管理人员队伍的专业性等软件建设。在新形势下，教育管理队伍作为管理工作的主体，其素质、能力与管理水平直接影响着高校教学工作的质量和未来发展。建设一支职业道德、专业思想、专业知识、专业能力和专业品质成熟的教育管理队伍，对于高校的科学发展具有重大的价值和意义。

教育管理是高校发展的核心，它不仅是维护教育秩序、实现人才培养目标、提升教学质量的基础，更是高校发展的支柱。教育管理团队肩负着推动教育改革、促进教育创新的重任，为高校发展做出了巨大贡献。为了达到最佳的教学管理效果，高校必须建立一支结构合理、团队凝聚力强、服务意识深厚、创新精神旺盛的专业化、职业化的管理团队。高素质的教育管理队伍是有效提高高校教育教学质量、突出培养优势和管理特色、促进高校未来可持续发展的重要人力保障。

第一节　高校教育管理的内涵和本质

一、高校教育管理的内涵

（一）管理的内涵

管理是一种有效的组织行为，它旨在通过计划、组织、领导和控制来实现组织的目标。它是指人们根据社会发展的客观规律和历史条件，有意识地调整社会系统内外的关系和资源，以达到预期的目标。

管理的含义包括以下三个方面。

第一，管理是一种有意识、有目的的行为，旨在帮助组织达成其目标。它不仅是组织发展的必要条件，更是组织发展的基础。管理不仅是一种行为，还是一种活动，它需要组织的活动来支持和促进，以达到组织的发展目标。因此，管理必须与组织的活动紧密结合，以确保组织活动的顺利进行。

第二，管理活动是一项复杂而又具有挑战性的任务，它需要综合利用组织内部的资源，包括计划、组织、控制等，以实现组织的目标，并最终达成预期的结果。这也是管理的核心职责。

第三，管理活动应该遵循一定的规则，但是资源并不是孤立存在的，管理工作必须在特定的环境条件下进行，管理是一种社会活动。因此，有效的管理必须充分考虑组织所处的特定环境，以确保活动的顺利进行。

一般管理理论最早诞生在法国。当泰勒（Tyler）及其追随者正在美国研究和倡导生产作业现场的科学管理原理和方法的时候，大西洋彼岸的法国诞生了组织管理的理论，被后人称为“一般管理理论”或者“组织管理理论”。与泰勒主要研究基层作业的管理理论不同的是，一般管理理论是站在高层管理者的角度研究组织管理问题，在此基础上，现代管理理论的研究发展很快，形成了许多管理的经典理论和体系。根据研究对象的不同，管理可分为广义的管理和狭义的管理。广义的管理是针对大自然中的万事万物的管理；狭义的管理只是针对某项具体活动，以及这些活动中的资源所进行的计划、组织、领导、控制。人们研究的管理通常是狭义的管理，即组织管理、行为管理、活动管理。活动的结果实际上是人的能动性的结果，管理的实质是人，是管理者与被管理者之间矛盾的解决。因此，管理就是管理者、被管理者、事项三方形成的特定的活动。

对于管理的分类，一是从活动的规模方面，可以分为宏观管理和微观管理；二是从具体的活动内容方面，可以分为综合管理和专项管理。另外，从管理的形式来看，又可以分为紧密管理和松散管理。当然，这些区分也只是相对的。

（二）管理的基本理论

管理理论有很多，随着现代社会的发展，人们认识水平的不断提高，社会活动的不断丰富，管理理论也在创新和发展。系统管理理论、人本管理理论、目标管理理论、标准化管理理论、组织管理理论、模糊管理理论、混合管理理论等只是众多管理理论中的一部分，它们既是管理的理论，又是管理的思想和方法。

1. 系统管理理论

根据系统管理理论，管理的主要职责在于通过协调不同的子系统和组成部分，来维护系统的稳定性和最优化运行状况。该理论的基础在于将管理视为一个完整的系统，它包括人、资源、活动和相关的项目。通过采取有效的管理策略，可以有效地支持复杂、规模庞大、投入巨大、时间跨度长的项目。尽管如此，这些策略仍然可以有效地帮助实现宏伟的目标，从而达到最佳的效果。

2. 人本管理理论

人本管理理论强调以人为本，但实际上，这种管理方式往往会出现偏差。有效的人本管理需要在尊重人权的基础上，合理分配利益，并充分发挥人的潜能，以达到最佳效果。管理的目的是发掘人的潜能，这些潜能不仅是个人的，还是组织的。管理者的潜能是工作积极性和工作效率，而被管理者的潜能则是他们的思想和行动的体现。只有将这二者结合起来，才能达到最佳的管理效果。

人本管理理论虽然是一个相对比较早的管理理论，但是在实践中成熟应用得并不是很多。究其原因，传统的、单纯的人本管理理论十分强调管理的“人”的素质，可以说，低素质的人是绝对运用不好人本管理理论的，一个管不好自己的人同样也管不好别人，更不用说有效地运用人本管理理论了。不过，现代的人本管理理论加入了一些新的元素，即在人本管理的基础上加入制度管理，形成一种新的人本管理理论，这可以说是现代人本管理理论的发展。

3. 目标管理理论

目标管理理论是一种强调利益最大化的管理模式，它建立在价值理论的基础之上，旨在通过有效的管理手段来提高企业的绩效，从而达到最大化的经济效益。目标管理理论要有一个预先设置的价值目标，然后以这种价值目标的实现为核心而展开管理活动。对价值目标的认同是目标管理的前提。目标管理理论强调组织目标的制定要得到所有组织成员的认同，没有认同感的组织目标是不切实际的目标，是难以达成的。有人说目标管理只注重结果，这是十分错误的。最新的目标管理理论不仅注重管理活动的一头一尾，除了最先确定价值目标、最终对完成价值目标的检验外，还对过程实施严格监督，让目标按既定的方向完成。目标管理的目的不是既成事实，而是要让管理者与被管理者通过共同努力，一步一步向既定目标靠近。实现以价值目标为中心的目标管理活动是一种刚性的量化管理，因此执行也是刚性的。目标管理理论除了注重价值目标外，在具体的应用中还要注意公平问题，这是由目标管理理论的刚性所决定的。

4. 标准化管理理论

标准化管理理论是在专业化管理的基础上，由管理者组织专家制定管理的标准，并通过一定的法律程序予以确定。这种管理的思想十分明确，最朴素的道理就是“没有规矩不成方圆”。标准化管理虽然是组织和专家行为，但标准并不是武断的，而是既要有权威性，又要有社会基础和群众基础，是通过科学的过程制定的。在这个过程中有两个十分重要的环节，一个是标准的制定，另一个是标准的执行。其中，标准的执行是标准化管理的核心，有时候可能是成功的关键。在管理活动中，有了标准不好好执行，或者执行起来走样，必将导致标准化管理的全面失败。当然，这不是标准化管理本身的问题，而是实施标准化管理的实践问题。

5. 组织管理理论

组织管理理论的核心思想是建立一个有效的管理架构，以确保各级组织的有效运作，并且通过明确的领导者、授权和执行来实现这一目标。其中，最重要的一环就是对组织结构的合理安排，以及对组织职能的有效授权。组织管理理论要有严密的组织结构，以及明确的组织目标和组织功能，同时还要有一套有效的组织运作机制；否则，再科学的理论，再完善的组织功能，没有好的运作机制都不可能活起来，组织管理活动也不可能有效地展开。

6. 模糊管理理论

模糊管理理论是一种具有重要意义的现代管理理念，它以模糊数学的原理和技术来指导管理，旨在帮助企业更好地管理、控制、协调各种资源，以及提升企业的效率。相比于传统的管理，模糊管理更加灵活，可以更好地满足企业的需求，从而更好地提升企业的整体效率。

7. 混合管理理论

实际上，在组织活动中，特别是比较大的组织活动中，常用的是混合管理模式。混合管理是多种管理思想和方法的组合，在规模比较大的组织中，管理的内容比较复杂，活动项目的性质差距较大，运用某一种管理方式来进行全盘统领往往是不可能的，最好的方法是运用混合管理模式来完成。

（三）高校教育管理的依据、任务和目的

高校教育管理是根据高校教育的目的和发展规律，调配高校教育资源，调节高校教育系统内外的各种关系，进行计划、组织、领导和控制，以便达到既定的教育目标的过程。

从教育管理的层面来讲，高校教育是中等教育基础之上的教育，因此它是指高校教育这一层面上的管理。

从管理的分类来讲，高校教育管理可以分为宏观高校教育管理和微观高校教育管理。从管理的内容来讲，高校教育管理可以分为战略规划管理、宏观调控管理和教育活动管理。

1. 高校教育管理的依据

高校教育管理的概念首先指明了高校教育管理活动的依据是高校教育的目的和发展规律。高校教育的目的是为社会提供各级各类高级专门人才。各级各类高级专门人才的教育是指：在类别上是普通高校教育、成人高校教育；在性质上是公办高校教育、民办高校教育；在层次上是专科教育、本科教育、研究生教育。这些教育的目的和目标是管理的根本依据。高校教育影响学生的身心发展，其通过德育、智育、体育、美育等过程，培养全面发展的人。只有把人作为社会关系的总和来看待，才能对人的发展有全面的理解。因此，各级各类教育过程都有其自身的客观规律，只有正确认识它们的客观规律，才能实施科学的管理。高校教育必须受到一定社会经济、政治、文化的制约，并为一定的经济、政治、文化发展服务。因此，生产力和科学技术的发展水平，以及社会的制度、文化传统都对高校教育活动产生制约。无论是国家宏观的高校教育发展政策的制定，还是高校培养人的过程，都必须遵循高校教育的目的和高校教育发展的客观规律，这也是高校教育管理的出发点。

2. 高校教育管理的任务

高校教育管理的概念指出了高校教育管理的任务，那就是有意识地调节高校教育系统内外的各种关系和高校教育资源，以适应高校教育发展的客观规律。从

一个国家或者地区来讲，高校教育系统是国家或者地区社会系统中的一个子系统；从高校教育组织系统来讲，高校也是一个子系统。由于系统中存在多种矛盾，因此高校教育管理的任务就是协调并最终解决系统中存在的矛盾。在高校教育管理中，应当运用系统论的思维，建立起学校教育的整体框架，以及各部分、要素之间，外部环境与内部子系统之间的关联，以实现整体优化，并通过有效的管理手段来提升教育质量。

3. 高校教育管理的目的

高校教育管理的概念还指明了高校教育管理的目的是不断促成高校教育系统目标的实现。在高校教育系统中，培养人是根本目的，高校教育系统的一切工作（包括管理工作）都必须围绕这一目的展开。高校教育管理是对高校教育系统中各种关系和资源的协调，通过有效管理，确保高校教育目的的实现。高校教育管理有其自身的需要和目的，提高效率就是管理的目的之一。

综上所述，不论是宏观的高校教育管理，还是微观的高校教育管理，依据的都是国家的教育方针，组织的发展目标，高校教育的基本规律，以及社会政治、经济、文化的发展背景与环境，通过立法、行政、经济、市场等手段进行协调和控制，保证提高高校教育人才培养质量、推动科学文化知识创新、促进社会进步等目标的实现，最终实现高校教育的可持续发展。

二、高校教育管理的本质

（一）高校教育管理的行为

1. 管理行为

管理行为具有特殊的表现形式，它是管理过程和效果的具体体现，过程和效果反映了管理活动的基本特征。要认识管理的过程和效果，必须首先分析管理行为，以及这些行为与效果有什么关系。

管理方格理论是由布莱克（Blake）和穆登（Mouton）提出来的。基于人们对主管人员的要求——不仅要关心生产，而且要关心人的重要意义，他们巧妙地设计了方格图以醒目地表示这种“关心”。他们把这种方格图作为训练主管人员和明确各种领导方式之间不同组合的手段。这种方格有两个维度，横向维度是“对生产的关心”，纵向维度是“对人的关心”。“对生产的关心”一般是指对工作所持的态度，诸如程序与过程、研究的创造性、职能人员的服务质量、工作效率以及产品质量等。“对人的关心”包括许多因素，诸如个人对实现目标所承担的责任、保持下属的自尊、建立在信任而非顺从基础上的职责、保持良好的工作环境以及具有满意的人际关系等。

管理方格理论列举了以下几种类型的领导方式。

一是贫乏的管理。为完成工作和保持组织士气所需要的最低限度的努力。这种主管对职工、对生产关心很不够，只以最少的努力去完成应做的工作。这种管理是很少见的。

二是权威与服从管理。以几乎不考虑人的因素的方式安排工作。领导只关心生产，试图把人的影响降到最低，以达到完成生产任务、提高效率的目的。

三是乡村俱乐部管理。注意人的需要而形成友善的组织气氛。领导者非常注重职工的需要，注意建立良好的人际关系。这种领导认为，只要职工心情舒畅，生产就能搞好，因此试图通过创造良好的工作环境、良好的人际关系来提高工作效率。

四是协作管理。这是一种松散的管理模式，以一种协作者的心态，由所委任的人完成工作，委任双方因在组织目标上有共同利害关系而互相依赖、互相信任和尊重，并且互相协作。

根据管理方格理论，领导者可以对自己的行为作出评价，但是理论并未告诉我们，为什么一名主管人员会处于方格图中的此处或彼处。需要指出的是，“最好的”方式也只是从理论上来说的，要领导者都成为理论上那样的人也是困难的，每个领导者都应根据不同的环境和因素选择不同的管理方式。

2. 行为类型

在教育行政管理中，哈尔平（Halpine）等人总结的管理内容大致有两类：一类是创建组织机构的行为（为了实现组织的目标）；另一类是体贴关心下属的行为。创建组织机构的行为是指领导者在描述自己与集体成员之间的关系时，致力于建立被充分限定的组织的类型、建立信息交流渠道以及具体实施过程中的所作所为。这主要包括领导者应该积极参与到组织的运营中，以便更好地理解下属的需求、态度、想法和计划；能够有效地指派下属去完成特定的任务；对工作进行有效的检查和评估；制定并执行有效的标准、制度和规范；促进下属之间的有效合作；以友善、信任、尊重、温暖、支持、帮助和合作的态度来对待下属；倾听下属的意见，关注他们的个人利益；尽可能地与下属讨论问题，让下属参与组织计划，平等公正地对待下属；乐于进行改革；及时将下属的建议付诸实施。

3. 领导行为

高校教育管理中的领导行为是一种主要的管理行为。这种管理行为同样可以分为两类，即创建组织机构的行为和体贴关心下属的行为。高校教育管理的领导行为所针对的组织系统、组织目标、组织成员、人际关系等都有自己的特殊性，与其他许多社会系统的情况有所不同。比如，在高校的管理中，领导者要全力完成的是教学任务和科研任务，二者又以人才的培养为核心。但是要搞好教学与科研工作，领导者就必须抓好有关的后勤配套工作，同时从各方面关心和支持一线的教学、科研人员。从理论上讲，领导者可以调整自己的行为，以适应某一特定的环境和任务。在实践中，领导者不能也不应该只关注某一类行为，而应当根据具体情况决定采取什么样的领导行为。当然，在这种时候，领导艺术是帮助领导者取得成功的手段。在宏观高校教育管理中，国家和地方政府对高校的管理内容之一是规范高校的办学行为，高校既要按照国家的政策规范办学，又要办出各自的特色，这既是矛盾的，又是统一的，但最终的目标是一致的。具体地讲，在完成高校教育目标的过程中，为实现目标而履行领导的职责时，需关注的领导行为主要有以下几种。

（1）行政领导者的行为

行政领导者的行为主要包括各级管理者作为负责人行使领导职责时的行为。领导者的职责就是对目标的实现或目标的改变所需的集体活动进行激励、协调与指导。如果不能做到这些，那就是对领导责任的放弃。一般来讲，到了高校这一层面，领导者的行为要对高校教育主管部门负责。各高校围绕教育系统目标进行的活动在形式和内容上各有特色，即使是同一专业、同一课程的教学活动，在各校之间也是不完全一样的。由于各校的教师、学生在知识水平、能力结构、兴趣爱好、心理需要以及性格特征、校园文化等方面存在明显的差异，各高校的领导者为完成组织目标而行使领导职责时，所面临的环境和条件也各不相同，所采取的领导行为当然也是不相同的。

（2）组织集体中的领导行为

高校教育系统中的各级领导者要为组织目标的顺利实现创造各种各样的条件，领导者的行为所产生的作用分为直接作用和间接作用。

直接作用包括创建某些专门的组织机构和程序、指定专门的人去负责完成某项或某方面的工作、对下属的工作进行检查与督促、聘请某一方面的专家等。

间接作用指不直接参与各类具体的计划，但对计划的制订以及实施过程施加各种形式的影响。譬如，提倡某种领导风格、实施某种奖惩措施、颁布某类晋升标准等做法都会对各项具体工作的开展产生重大影响。换句话说，虽然领导者的行为不会对某些特定的具体活动产生影响（即起直接作用），但对这些活动顺利开展并取得成功所依赖和借助的各种组织机构、过程和程序产生了影响。

组织集体中的领导行为有时候是会起到积极作用或者干扰作用的，因为领导行为具有权威性，所以领导行为应该是分层的、积极的、适度的、有效的。所谓领导行为的分层就是指各级的领导行为是有区别的，下一级的领导不能做上一级领导的事，否则就是越级行为。领导行为的积极性是指领导的行为对于组织的作用是正面的，不会产生负面影响，否则领导的行为肯定是错误的行为。领导行为的适度不分哪一级，哪一级领导的行为都必须要有一个度，超过了这个度，可能会适得其反。有效的领导行为会对管理活动产生好的影响，是与管理活动的结果相辅相成的，领导行为有效与否，由管理活动的结果来检验。

（二）高校教育管理的目标和方法

高校教育系统相对于其他社会系统而言，有其独特的活动主体和活动目标，这就使高校教育管理同其他社会系统的管理区别开来，表现出它的特殊性。高校教育的总目标是培养高级专门人才、发展科学技术，并与社会经济发展的需要相适应。高校教育管理活动就是要在这一目标的指导下，把对高校教育系统的战略规划、资源调配通过制度和机制进行协调。高校教育管理的本质就是协调高校教育系统有限资源的投入与实现高校教育总目标的矛盾。

无论把高校教育系统分解为怎样的子系统，高校教育系统都必然要求各子系统在目标上协调一致，不仅要保证每个子系统的目标与整体目标协调一致，而且要保证每个子系统的目标与自己内部组织成员的个体目标相协调。更重要的是，每个子系统的目标与实现这些目标的条件之间需要相互协调，这就形成了管理活动的整体性和普遍性，即每个子系统都需要协调。高校教育系统内部的层次性使高校教育管理活动也具有层次性，这就形成了一个多层的、多级的、专门的系统，即高校教育的管理系统。协调蕴含于各子系统之间的关系，对各子系统进行目标设计、资源筹集和分配，分析系统的活动信息，即通过政策、制度和一些技术手段协调系统成员的活动，以达到系统所设计的目标。从事这些专门活动的管理人员（或称管理者）的活动所构成的有机整体就是管理系统。

马克思对“管理”曾有过精辟的论述：“一切规模较大的直接社会劳动或共同劳动都或多或少地需要指挥，以协调个人的活动，并执行生产总体的运动（不同于这一总体的独立器官的运动）所产生的各种职能。一个单独的提琴手是自己指挥自己，一个乐队就需要一个指挥家来指挥。”① 这段话揭示了管理所包含的以下几个含义：管理是集体协作劳动的共同需要，即“或多或少地需要指挥”；管理必然有管理者，管理协作对象主要是组织及其成员；管理是执行生产总体运动所产生的各种职能；管理的职能主要是指挥和协调他人的活动，同时使自己也处于管理活动之中，以取得成效；管理的目的是取得比各个独立的运动之和更大的效益。

管理活动的普遍性指管理活动作为人类活动的一个重要方面，普遍存在于所构成的各种组织机构中。专门管理者的出现体现出社会系统在结构层次上的性质，表明个人在社会系统中具有的不同位置、作用和性质。在管理活动中人是管理的主体，权力是管理系统赖以存在的基础，权力对人的活动的约束性使人们按一定的方式组织起来，以便实现系统的整体目标，也在一定程度上体现了权力在协调中的作用。

就一个国家或地区而言，把高校教育放到社会的大背景中，政府对高校教育的协调是使高校教育的层次、规模、结构、水平、质量、效益协调发展，与社会的政治、经济、文化的发展相适应。就高校教育的组织——学校来说，它是高校教育系统中的子系统，学校的类型因区域、体制、机制、管理者的差异等有所不同，存在的矛盾也是多种多样的，有总体目标与部分目标之间的矛盾、长期规划与近期打算之间的矛盾、整体利益与部门利益之间的矛盾、组织利益与个人利益

① 马克思．资本论[M]．郭大力，王亚南，译．上海：上海三联书店，2013．

之间的矛盾，这些矛盾如果不加以协调和解决，就会影响高校教育系统的运行和发展，也会影响高校教育效益的最优化。高校教育的协调任务与高校教育管理的本质要求是相一致的，体现了高校教育管理的基本矛盾和本质特征。

了解管理活动中冲突的本质才能“对症下药”。冲突是指工作群体或个人试图满足自身需要而使另一工作群体或个人受到挫折的社会心理现象。冲突表现为双方的观点、需要、欲望、利益或要求不相容而引起的一种激烈斗争。冲突是人类社会的一种普遍现象，它具有有利和有害两种结果。从有利的方面看，冲突的解决能促进组织的发展，可以增强干劲，形成一种激励力量；它还能促进交流，增强创新意识。从有害的方面看，冲突使人产生情绪压力，影响人的身心健康，剧烈冲突带来的破坏会浪费资源，不及时解决冲突会影响组织运转，阻碍组织目标的实现。因此，必须探讨冲突产生的根源及其解决途径和方法。

一般来说，在集体组织成员之中总会存在许多不一致，其中某些不一致可能上升为矛盾，这些矛盾关系中比较激烈的便会转变为明显或不明显的冲突。冲突一般分为三种类型：第一类是认知性冲突。由信息因素、知识因素、价值观因素等引起的冲突都属于认知性冲突，这种冲突随着双方认识趋于一致就能得到缓和。第二类是感情性冲突。这是一种由非理性因素引起并为这种非理性因素所控制的冲突，也可能是由认知因素诱发，最后为非理性因素所支配的冲突。个性相抵是这种冲突最常见的诱因，它持续时间长，破坏性大。第三类是利益性冲突。这是一种由本位因素引起的目标冲突。社会中的个人和群体在处理问题时所关心的利益不同，从本位出发就可能引发矛盾和冲突，伴随利益的再分配，这种冲突可以克服。在日常的社会活动中，随处存在可能导致冲突的因素，一旦有了起因，这种潜在的冲突随时会转变为现实的冲突。

冲突的产生一般有以下几种原因。

一是人的“个性”。从人的本性讲，不满情绪积累到一定程度就会产生冲突，需要适度发泄。

二是有限的资源争夺。资源总是有限的，而需要却是无限的，为争夺有限的资源而产生的冲突在所难免。

三是价值观和利益的冲突。有不同经历的人价值观容易形成冲突，部门和个人也都可能因利益而产生冲突。

四是角色冲突。个人和群体所承担的角色不同，都有其特定的任务和职责，产生不同的需要和利益，因而发生冲突。

五是追逐权力。这是一种欲望的争夺。

六是职责规范不清楚，导致对任务的要求有冲突。

七是组织的变动。组织的变动会导致利益的重新组合，因而产生冲突。

八是组织风气不佳。

单从冲突的结果看无外乎有三种可能：一胜一败、两败俱伤、二者全胜。显然前两种结果都不是理想的结果，这两种结果往往潜伏着第二次更大的冲突，管理过程应尽量避免这两种结果。第三种结果是在双方都较满意的基础上解决冲突而得到的，这是可取的解决问题的方案，需要很好地协调，有效协调是协调的目的。

有效协调与解决冲突的方法如下。

（1）认知性冲突的协调方法

在高校教育管理中，从宏观层面来讲，在高校教育如何适应国家政治、经济、文化的发展，每一个发展时期如何规划，高校教育发展速度的快慢，高校教育的科类层次结构等的确定上，不同的决策者及管理者会有不同的意见，甚至会产生矛盾。从微观层面来讲，高校教育管理都是非常具体的管理活动，在学校如何定位和发展，如何运用有效的教育资源，如何拟定培养目标、课程内容和培养计划，如何具体展开教学与科研活动等方面都可能出现矛盾和冲突。一般来讲，增加交换看法、交流协商的机会，消除可能由于误会与信息不全所导致的认识上的不一致，是解决矛盾冲突的方法之一，这需要领导者的权威和协调能力。具体来讲，要解决矛盾和冲突，最好的办法就是在学习和研究的基础上，在开展对高校的教育思想、教育观念的大讨论中实现认知统一；要提供公开交流的平台和场所，消除矛盾和冲突，使组织成员和冲突各方在方向上达成一致，提高他们的认识水平。

（2）感情性冲突的解决方法

感情性冲突是一种非理性的冲突，主要存在于微观高校教育管理活动中，是某个方面的具体事项，带有个人的感情色彩。感情性冲突的原因可能是一些微不足道的小事，也可能是冲突双方不同的性格引起的，甚至可能找不到原因。在高校教育管理中，解决这类冲突的方法如下：一是提高组织成员的心理素质，使其具有能够承受一定的情感冲突的能力；二是提高组织成员的认识水平，让他们认识到冲突的原因是微不足道的，冲突可能会产生严重后果；三是制定合理而公正的奖惩制度，坚持规章制度的原则性，对感情用事而导致不良后果的组织成员进行处理；四是进行感情牵引，将组织成员的感情向有益的方向引导，如完善和改进目标管理，把组织成员的注意力集中到实现共同目标上。

（3）利益性冲突的协调方法

如果利益的消长或损益幅度不超过某一程度，则这种冲突对集体的凝聚力和组织目标没有太大的破坏作用；如果超过了某一程度，则会导致整个组织或系统瓦解。因此，需要解决并能够解决的利益冲突基本上是处于这二者之间的利益冲突。

利益冲突是冲突各方在各自追求最大利益的过程中形成的。利益冲突所围绕的中心就是利益，而利益在每个人的眼中是不一致的。一般说来，出现冲突时，组织中可能存在无数个个体利益，也可能存在多个不同规模的共同利益，但最大的共同利益只有一个。

在高校教育系统中，各子系统甚至更小的群体和个人，都有自己的切身利益。比如，高校教师在进行教学科研工作时，一方面在完成高校教育的任务，另一方面也在追求自身的利益——职务的晋升和自我价值的实现。这里，职务晋升就是引起冲突的原因之一，制订公平合理的晋升方案是解决冲突的关键。此外，在人员任免、经费分配、改革方案实施等方面，同样存在各种利益冲突。如果忽视这些矛盾和冲突，想调动全体教职工的积极性，充分发挥他们的创造精神，就可能十分困难。

因此，在解决矛盾时，一是要通过政策法规来约束，明确整体与局部利益、局部与局部利益、个人与组织利益、组织与组织利益、个人与个人利益的关系，公平公正地解决利益冲突；二是要开展思想政治工作，把物质奖励和精神鼓励结合起来，引导矛盾双方处理好国家、集体、个人三者之间的关系，这是高校教育管理解决利益冲突的重要手段。

总之，要充分认识高校教育系统中存在的矛盾运动的规律，特别是在微观高校教育管理中，要按照矛盾运动规律来解决问题。具体来讲，个人与个人之间的矛盾主要表现在工资福利、提级晋升、表彰奖励、教育经费分配以及学术观点等方面，解决这类矛盾应遵循公正、平等的原则。在个人与整体的矛盾方面，要使个人的目标与系统整体目标相一致，当二者一致时，个人目标的实现可以通过整体目标的实现来达到，整体目标的实现是个人目标得以实现的前提。从宏观方面来讲，系统与环境之间的矛盾表现为对高校教育投资少与实现高校教育系统目标的矛盾、政府包揽过多与高校缺乏办学自主权的矛盾，这类矛盾只能通过政策、体制去解决。

但是，高校教育系统的三种矛盾是有机地联系在一起的。因此，在高校教育管理活动中，要从整体出发去解决矛盾，即进行系统、科学的管理。如果不从整体的角度去处理系统内部的矛盾及系统与环境之间的关系，看不到矛盾之间的相互关系和相互转变，就会激化矛盾，破坏高校教育系统内部的稳定性，从而无法实现高校教育系统的整体目标。例如，个人的合理需要得不到满足就会抑制个人的积极性和创造性，一旦个人在工作中缺乏主动性就会大大影响劳动效果，培养出来的人才质量就难以达到预期的目标。而人才质量的降低，又会引起社会上人才供需关系的变化，这种关系又反过来抑制高校教育的运行和发展。同样，如果系统的整体目标与实现这些目标的现实条件差距过大，目标就难以达到，这反过来又会挫伤人的积极性。所以，高校教育系统目标的实现过程本质上是一个系统与环境、系统内部矛盾关系不断协调和解决的过程。

其实，人们要辩证地看矛盾，特别是高校教育管理活动中的矛盾。从矛盾的普遍性来看，矛盾是有共性的，因为产生矛盾的规律是一样的。要认识到矛盾的存在是必然的，不存在没有矛盾的社会，也不存在没有矛盾的管理。

在高校教育管理中，对待矛盾与冲突要注意以下两个方面。

（1）避免人为地制造矛盾和冲突

在制定各种政策和制度时要科学合理，要经过专家论证和民主决策，不能匆忙出台不合时宜的政策和制度，为矛盾的产生埋下祸根。在管理活动中避免矛盾与冲突的办法有很多，其中之一就是管理活动的透明、公开、公正。高校教育管理的特征与企业管理有很大的差别，高校教育管理在具有行政性的同时，也具有很强的专业性。行政管理需要很高的透明度，学术管理除了知识产权本就透明外，纯粹的管理活动更需要讲求透明、公开、公正。只有把握好透明、公开、公正的度，才能避免管理活动中人为地制造矛盾和冲突。

（2）实事求是地化解矛盾与冲突

矛盾与冲突在管理活动中是始终存在的，关键在于如何去化解。化解矛盾与冲突要本着实事求是的态度。首先，要敢于承担由于管理者引起的矛盾与冲突的责任，用真诚与责任来化解矛盾与冲突。其次，一旦矛盾与冲突出现，既不要过度紧张，也不要消极怠慢，要以积极的心态与行动去化解矛盾与冲突，把矛盾与冲突造成的影响降到最低。

第二节　高校教育管理的特点

事物之间的区别在于各具一定的特点。了解了高校教育管理的特点，才能遵循它的本质规律，有针对性地解决管理活动中的各种矛盾，顺利地进行各种管理活动。

一、高校教育管理目标的特殊性

高校教育目标的特殊性决定了高校教育管理目标的特殊性。高校教育的主要目标是根据高校教育的功能来确定的，因此对管理的功能与目标相应地提出了特定要求。高校教育管理旨在通过科学的规划及有效的组织、协调和控制，以满足社会的发展需求和提升社会的生产力，从而实现教育的多样化、精细化、有效化和可持续化。此外，还需要确保所有参与者都能够遵循高校的教学原则，以达到预期的教学效果。高等教育的宗旨在于满足社会的需要，因此在实施高等教育的过程中，必须遵循其内在的规律，而非仅仅模仿企业的经营模式。从这个意义上说，高校教育的微观管理是以更好地培养人才并且以提高人才的质量为根本目标的管理活动，它无法以经济效益为目标。

与行政管理、企业管理等其他管理不同的是，如何将社会效益和经济效益有机地结合，纳入高校教育管理的目标中，处理好社会效益与经济效益的关系，是高校教育管理工作者值得研究的问题，这也正反映了高校教育管理目标的特殊性。

高校教育管理的两个主要目标为：一是将学校内部的各种关系和资源有效地整合起来，形成一个完整的系统；二是围绕整体目标，充分发挥各要素的主动性和积极性，以实现高校教育的最终目标，这也是“维系”和“放大”的功能。

二、高校教育管理资源的特殊性

高校教育管理资源的特殊性具体表现在以下三个方面。

第一，高校是由一部分高级知识分子组成的特殊的群体，组织及其成员的特殊性就构成了高校教育管理资源的特殊性。组成高校教育系统的主体要素之一是教师，其是掌握和创造专门知识的群体。因此，对他们的管理要符合这一群体的特征。另外，高校教育系统的主体是学生，是一部分 18 岁左右、受过完整中等教育的青年，对他们的管理要符合他们此阶段身心发展的特殊性。高校教育系统组成人员的特殊性使高校教育管理存在一种特殊的管理现象，这种现象强调和要求自我管理。应该说，自我管理是任何管理中都存在的一种现象，但是，在高校教育管理中，自我管理尤为重要，它是一种促进身心发展的自我管理。管理对象需要培养自我组织、自我发展的能力，他们的心理特征也表明，在教育过程中，让其发挥自我管理的能力，可以更好地促进其发展。所以，管理对象的特点是高校教育管理最重要的特点。

第二，教育经费的管理是一项复杂的工作，因为它的用途是复杂的，有时候不能用绝对的量化管理来处理，有时候投入不能在短期内见到成效，经济回报率低。这就是高校教育的经费管理有别于企业管理、行政管理、经济管理等的特殊性。

第三，教学与科研物资的管理特殊性表现在这类资源不完全是生产性资源，而是建立在教学科研功能上的，为了完成教育教学、实验实习、科学研究等活动，它不是一套设备，而是教学实验和科学研究的基本平台。

高校教育资源的特殊性决定了高校教育管理的特殊性。高校教育资源是指整个社会用于教育领域的人力、物力和财力的总和。有效的可利用资源是指高校教育的主办者对高校教育的投入所形成的资源，主要表现在经费投资方面。社会用于教育的资源又与社会中的区域发展相关联，与政府对教育的投资相关联。教育是一种事业投资，但它的投资对象又决定了它不可能完全是事业投资。事业投资的对象主要是公共事业，公共事业是针对大众的，基本上所有的民众都可以享受到。而高校教育的对象不是单纯享受公共事业的群体，因为高校教育还没有普及，它就不可能是一种完全的事业行为。虽然高校教育的结果回报了社会，但是学生只是整个社会群体中的一部分。那么，为什么不能普及高校教育？这是由高校教育的资源有限性决定的。高校教育的投入来自政府、学生家长、学校自身和社会的多方融资，这构成了高校教育投资的特殊性，也就决定了高校教育资源的特殊性。

马克思指出："要改变一般的人的本性，使他获得一定劳动部门的技能和技巧，成为发达的和专门的劳动力，就要有一定的教育或训练，而这就得花费或多或少的商品等价物。"[①] 要进行教育活动，首先需要从社会的总劳动力中抽出一部分劳动力，这就是从事教育的劳动者和进入劳动年龄的受教育者，他们要消耗一定的学习资源、生活资源，还必须有一定的物质条件，如校舍、图书、仪器、设备等。高校教育财力资源不是自然资源，不是可以通过生产方式就能生产制造出来的，而是要通过长时间的打造和培育，随着社会的发展与需求逐步形成的。在满足了再生产以后，社会所能用于教育的资源就很有限了，难以满足社会和个人对教育的需求，这也是教育管理中的一对特殊矛盾。因此，如何去获得更多的教育资源，如何有效地使用稀少的教育资源，就成为社会和教育领域共同关心的问题。

三、高校教育管理活动的特殊性

在宏观层面上，高校教育管理是一项重大的战略任务，其目标是实现可持续的教育发展。为此，高校教育管理活动必须结合当地的特色，包括传统文化、地理位置、人口结构、科技进步、社会环境等方面。

在微观层面上，高校教育管理的一个重要特征是如何平衡学术目标和其他目标。实现这些目标需要高度智力化，不仅需要个人努力，还需要团队协作。因此，高校教育管理的核心任务之一就是如何平衡这些目标。

高校教育系统的主导性活动是传授知识、创造知识，高校教育所培养的各类专门人才的优劣和高校所提供的各种成果的好坏主要是通过学术水平和应用价值的高低来衡量的，管理活动的学术性十分强，而这种学术性不可以用一般行政性的方法进行管理。因此，学术目标的组织、协调、实现等是高校教育管理活动中的特殊矛盾，这就要求高校教育管理活动一定要重视学术这一特殊目标。

在高校教育组织中，教学活动是一种双向互动的过程，师生作为一个特殊的群体，在实现教学目标和管理目标的过程中，应当积极参与到具体的教学管理活

① 马克思．资本论[M]．郭大力，王亚南，译．上海：上海三联书店，2013.

动中，以达到双方的认知认同，因此教学民主的重要性就变得更加突出。高校教育管理者应该充分考虑到教职工的能动性，并将其作为实现教育管理目标的重要因素。学术自由是一个有效的平台，它可以激发教职工和学生的积极性，让他们在信任和鼓舞中展示自己的才华，成为学校管理活动中的支柱力量。

第三节　高校教育管理的原则

高校教育管理的原则是根据一般管理学的原理提出的，同时又特别适用于高校教育管理领域。它必须全面、准确地反映高校教育管理活动的特点、本质与规律，它在理论上是完备的，在实际工作中又是切实可行的，能覆盖整个高校教育管理活动领域，普遍有效地指导高校教育管理实践活动。根据前面对高校教育管理原则确立依据的分析，高校教育管理原则应该包括以下五个方面。

一、高校教育管理的方向性原则

管理是一种有目的的活动，管理工作必然有方向。管理的成功取决于正确的方向，而这些方向又取决于如何实现管理目标。管理目标是活动的基础，它体现了活动的方向。教育是一种培养人的社会活动，它必须与社会政治和经济相适应，并为人们提供服务。“培养什么样的人”是高校教育的核心，它不仅是一个根本问题，而且是高校教育管理的方向，它对于所有社会性质的高校教育都具有重要意义。

首先，要坚持社会主义的政治方向。任何一种社会制度都会以它的意识形态教育和影响学生。高校教育管理必然受到一定的生产关系和国家的政治经济制度的制约。我国作为社会主义国家，要求高校教育必须以社会主义意识形态教育和影响学生，为社会主义建设培养具有坚定政治方向的建设者和接班人。因此，要明确我国的高校教育是具有社会主义性质的，要为社会主义服务，坚持社会主义的政治方向。如果不明确我国高校教育的社会主义性质，那就谈不上有正确的办学方向。坚持社会主义的政治方向，要有现实针对性。随着信息技术的发展，发达国家凭借技术优势成为主要的信息输出国，控制全球信息与通信的命脉，影响着几乎所有国家。因此，我们必须坚持高校教育管理的社会主义政治方向。

其次，要坚持为社会主义经济建设服务。2021 年修改的《中华人民共和国教育法》指出，“教育必须为社会主义现代化建设服务”。这里所说的“服务”是全面的，既包括为社会主义政治建设服务，也包括为社会主义经济、文化建设服务。在社会主义现代化建设中，始终要以经济建设为中心。高校教育的根本任务是培养人才，高校教育为社会主义现代化建设服务，主要是通过培养社会主义经济建设需要的人才来实现的，这是高校教育的服务方向。

高校教育要坚持社会主义政治方向，同时要服务于经济建设这个中心，主动适应经济和社会发展的需要。高校教育从两个角度规定了高校的办学方向，各有侧重，相辅相成，二者并不矛盾。政治方向是从高校教育的社会性质来讲的，服务方向是从高校教育的工作任务和目标来讲的。政治方向规定了服务的社会主义性质，服务方向体现了坚持社会主义政治方向的实际内容。因此，不能说高校教育的方向性只指政治方向，而没有别的内容，这是不全面的。社会主义高校教育的方向就是坚持为社会主义现代化建设服务。

二、高校教育管理的高效性原则

任何管理活动，其基本目的都是提高组织系统的效率和效益。管理效率和效益的关系是与管理目标联系在一起的，目标正确，效率就高，效益就好；管理效益的大小就是在消耗一定的人力、物力、财力和时间等资源的条件下，实现管理目标的程度高低。

高校教育管理的高效性原则是高校教育管理本质的具体化，它要求以一定的高校教育资源投入，培养和取得更多的高级专门人才和高水平的研究成果。

高校教育所产生的效益是多方面的，它既能促进生产力的发展，又是建设精神文明不可或缺的手段，是社会得以延续和发展的重要条件，这些主要体现在提高劳动者素质和培养人才的数量和质量方面。同时，高校教育在发展科学文化技术方面的作用也是十分重要的。高校教育是需要大量投入的事业，而发展高校教育的资源又是有限的，它靠社会提供，既受社会经济发展水平的制约，又受社会政治制度、管理体制和人们教育观念的制约。因此，高校教育管理既要注重经济效益，即以较少的投入培养更多的人才，注意节省人力、物力和财力，又要注重社会效益，即坚持办学的政治方向，全面提高高校教育的质量。

三、高校教育管理的整体性原则

在高等教育领域，应该遵循一个综合性的原则，即以培养优秀人才为核心，结合实际情况，科学地安排各项任务，同时也要考虑到外部环境对其发展的影响。这样才能更好地实现教育目标，提升教育水平。

高校的核心使命在于培养具备创新精神、实践能力和综合素质的优秀人才。为此，高校需要加强对学生的思想引导、提升教师的专业素质、开展科学研究、完善后勤管理等。除了培养人才的职能外，高校还有开展科学研究的职能和直接为社会服务的职能。高校教育管理的目标和内容不是单一的教育教学活动的管理，而是包括教育、科学研究和直接为社会服务等活动的综合管理。不论是培养人才、开展科学研究还是为社会服务，都与社会系统紧密相关，都必须与社会经济、政治、科学文化相适应，因此必须把高校教育管理放在整个社会环境中考虑。

高校教育管理要以培养人才为中心，各方面活动的开展都要服从于培养人才这个首要任务。从政府对高校教育的宏观管理来说，首先要做好培养人才的决策和宏观控制，包括人才培养的预测规划、总体规模、发展速度、结构布局等，以及通过立法、拨款、组织、计划、协调、检查评估等手段，保证培养人才的数量和质量。从高校的管理来说，各部门的工作都要面向学生，教学和思想教育工作要遵循人才成长规律，科研、生产工作要与教学工作相结合，后勤工作要为教学和科研服务，而不能各自为政、各行其是。

高校教育管理要处理好教学和科研的关系，使二者相互结合、相互促进。教学是高校培养人才的主要方式和基本途径，但是，不能把教学工作仅理解为课堂讲授。教学活动既包括通过课堂讲授使学生学到间接知识，也包括指导学生获得直接知识和掌握学习方法。教育是一个复杂的过程，旨在传授知识、发展智力、培养能力以及塑造良好的道德品质。科学研究是培养人才的关键手段，将科学研究纳入教育体系，可以为学生提供一个全面发展的环境和条件，从而更好地发掘他们的潜能。参加科学研究不仅可以让学生有目标、主动地学习，掌握必要的理论知识，而且可以激发他们的积极思维，培养创新精神，提升实践能力。此外，它还可以培养学生严谨治学的态度、踏实工作作风以及团结协作的精神，从而更好地促进学生与教师之间的沟通，让教师更全面、更准确地了解学生，从而更好地根据学生的特点，发挥他们的潜能和主动性。开展科学研究还能够提高高校教师的学术水平，充实和更新教学内容，改进教学方法，使教学质量不断提高。因此，不应该把科学研究和教学对立起来，而应该使二者互相结合、互相促进。

通过科学研究，我们可以更好地了解客观世界的规律，并将其转化为更具体的理论。这样就可以更好地指导他人，让其掌握更多的知识，并且拥有更强的创造力，以便更好地完成各个领域的工作。从这个意义来讲，科学研究是“源”，教学是“流”，科学研究总是走在教学的前面。虽然在教学中给学生讲授的理论知识并不需要也不应该要求教师都通过自己的研究实践进行总结和积累，但是，现代科学技术的发展日新月异，高校教师如果不通过开展科学研究及时了解和掌握本学科与相关学科的最新动态和发展趋向，而仅停留于传授现成的书本知识，那就不可能提高高校教育教学质量，并培养出适应现代科学技术迅速发展和现代化建设需要的合格人才。

发展科学文化也是高校的重要任务。随着现代科学技术的日新月异，高科技向现代生产力转化得越来越快，高新技术产业在整个经济中的占比不断提高，科技在经济发展中的作用越来越大。21 世纪是高新技术迅速发展的世纪，我国改革开放和现代化建设进入承前启后、继往开来的关键时期，国家的经济建设和社会发展比以往任何时候都要更加倚重科技进步。在这种形势下，高校特别是重点高校的科学研究工作应大力加强。

直接为社会服务也是现代高校的一项重要社会职能。高校培养人才、开展科学研究、为社会服务这三项职能是互相联系、相辅相成的。开展各种形式的社会服务，有利于加强学生与社会的联系，增进学生对社会需求的了解，增强其主动适应经济发展和社会发展需要的能力；有利于理论联系实际，培养学生解决实际问题的能力，提高教学质量；有利于进一步发挥高校的潜力，充分调动教职工的积极性和主动性。但是，高校必须以培养人才为中心。衡量高校工作的根本标准是培养人才的质量和数量，绝不能只看经济收益的多少，搞短期行为，而不顾教学质量和学术水平。因此，一定要处理好培养人才与直接为社会服务的关系，必须统筹兼顾，加强管理，对社会服务收益进行合理分配，这样才能更有利于调动各方面的积极性，特别是在教学一线工作的教师的积极性。

四、高校教育管理的民主性原则

高校教育是一个开放的系统，它必须与社会发展保持一致。历史已经证明，追求科学和民主是高校教育的重要目标。通过追求科学，我们可以保证高校教学和科研的活力，同时也为实现民主提供了保障。高校教育管理的民主性原则主要是由高校教育管理封闭性和开放性相统一的规律所决定的。要办好既封闭又开放的高校，不发扬民主、不调动师生员工的积极性和创造性是不能想象的。因此，高校在进行重大决策时，必须发扬民主精神。

在高校教育管理中，应该坚持民主原则，即通过广大教职工和学生的共同努力，动员社会各界的力量参与到高校的管理中来。在这个领域，人才众多，学术思想活跃，因此管理工作必须充分体现学术自由的精神。在高校，教学和科研是非常重要的学术活动，需要充分的思想自由，并且需要民主制度的支持。因此，在高校实施民主管理显得尤为重要。在这种情况下，高校的教师和学生既是被管理的对象，也是管理的主体。教师和学生都致力于进行深入的学术研究，他们是精神创造的主体，通过独立思考、探索来实现自身的潜能。只有通过激发学生的内在活力，让他们发挥出最大的潜能，才能够达到管理的目标。因此，教师需要负责编制、执行学校的培养目标、教学计划、教学大纲等，并且要不断探索新的教学内容和教学方法。为了提升学生的学习效果，教师应该鼓励他们积极参与，并且自主地完成任务。这样可以激发教师和学生的积极性，增强团队凝聚力，让管理者能够及时改进管理方式，从而提高管理的有效性。为了更好地管理高校，需要让教师发挥主导作用。同时，也应该多听取学生的意见，以便更好地为他们的学习和生活提供指导。

高校的管理工作非常复杂，因为它涉及许多不同的领域，包括教学、科研、生产、思想教育、后勤和校内外关系。管理一所高校需要掌握许多专业知识和技能，管理者需要全面了解所设专业、课程和工作的各个方面。因此，必须激发教师和职工的积极性，集思广益，共同努力。在教学、科学研究和学科建设的重大决策中，应当尊重和倾听教师的意见和建议，他们能够为决策提供有力的支持，从而确保决策的正确性。

政府应该充分尊重高校的学术特性，并给予它们充分的自主权，以便让它们能够在学术上取得更大的成就。同时，主管部门也应该尽量避免过多的行政干预，以保证高校的学术自由和办学自主权。高校还有多样化的特点，这是因为社会对高校教育的需求是多样化的，这就要求高校办出自己的特色，适应社会的不同需求。主管部门的作用是进行宏观控制和协调，为学校创造良好的环境和条件，通过财政的支持、政策的导向和法规的约束，引导学校主动发展。民主性原则要求在高校教育管理中实现制定决策民主化、执行决策民主化和评定决策执行结果民主化。

在高校教育管理中，应当积极推行民主管理，以便让被管理者充分参与决策过程，共同探讨、协商，以提升决策的科学性和可行性。西方国家的民主管理模式主要是通过董事会、教授评议会或师生代表大会等形式，制定出一系列有效的规章制度，以促进高校的发展和进步。管理者应该积极关注并及时跟踪决策的实施情况，以便及时调整和完善决策。为此，必须坚持民主的原则，以确保决策的有效实施。管理者应该秉持公正原则，在处理公务时不谋取私利，尊重下属，虚心向他们请教，及时调整和改进方案和方法。决策执行的结果不仅会影响到决策制定者和执行者的工作表现，也会影响到下一个决策的制定和执行。在评定工作中，应当坚持民主原则，以此来激励和增强决策者和执行者的积极性，发挥他们的创造力，最终提升高校教育管理的效率和质量。

五、高校教育管理的动态性原则

管理过程是一个充满变数的过程，它不断地调整和改变管理对象和管理系统内部的各种要素，以适应外部环境的变化。因此，管理过程的核心就是根据外部环境的变化，调整管理对象和条件之间的关系，以实现最终的目标。

我国正处于一个转型期，社会生活的各个方面都在发生变化。高校教育也需要适应这种变化，以满足社会经济、文化和科技等方面的需求。高校教育作为一种社会技术系统，与外部环境密切相关，并不断发展。管理活动与管理对象、管理环境之间存在密不可分的关联，这是不可避免的。在高校教育管理过程中，任务、组织架构、技术手段以及参与者都处于不断变化的状态，因此，必须坚持管理的基本原则，维护管理的稳定性和秩序；同时，由于教育的对象、内容、方式以及手段都在不断发展，因此在运用高校教育管理原则时，也需要具备灵活性。

随着科技的进步，社会对高校教育的需求和条件也在发生变化。因此，高校教育管理必须不断调整，以适应社会的发展需求，并为社会作出贡献。只有这样，高校才能真正成为社会的重要组成部分。高校教育必须不断改革和创新，以适应国家经济和社会发展的需求。改革的目标是建立一个有效的机制来促进高校的发展。为了实现这一目标，高校需要不断更新教学和科研设备，并且不断更新教师队伍。随着经济体制、政治体制和科技体制的不断深化，高校面临着更加严峻的挑战，需要不断提升自身能力。

因此，高校教育管理的动态性原则旨在通过持续的改革来满足经济和社会的发展需求。这一原则的具体内容包括：第一，从长远的角度来看待问题，认识到任何事物都不是一成不变的，只有不断地改革才能推动教育的发展，而教育的发展又离不开持续的改革。第二，必须在变革和稳定之间取得平衡，既不能故步自封，坚持既有的体制，又不能完全抛弃过去的经验。此外，还必须谨慎地对待高校教育改革，避免草率行事。

高校教育管理的动态性取决于它必须与社会的政治、经济、科技和文化发展保持一致。随着时间的推移，高校教育必须不断改革以适应社会的需求。这是一个基本规律，需要我们不断努力去实现。随着高校教育管理对象和外部环境的变化，以及管理工作中出现的新挑战，管理者需要不断积累经验，以应对新的挑战。

以上五条原则是高校教育管理的基本原则，是普遍适用的。方向性原则反映了我国高校教育管理的性质，从根本上确立了社会主义高校教育发展的大方向，规范了高校教育的培养目标；高效性原则指出了管理工作的本质特点和根本要求；整体性原则反映了管理工作的基本要求；民主性原则贯穿高校教育管理活动的始终，为高校教育管理活动的顺利进行营造提供了良好的氛围，保证管理工作有足够的动力；动态性原则指出完善管理工作的根本途径。它们相互制约、相互促进，共同指导高校教育管理的全部活动，构成了一个完整的原则体系。在实际工作中，这些原则是紧密联系、相辅相成的。

第三章　国外高校教育管理的借鉴

第一节　美国高校教育管理

一、美国高校教育管理概况

哈佛大学是美国第一所高校。经过长期的发展和完善，该校建立了规模庞大的高校教育管理制度和系统，形成了政府、董事会和社会团体相结合的管理体系。哈佛大学作为美国的第一所大学，为美国培养了一代又一代作家、科学家、政治家、学者，它拥有全世界最大的高校图书馆，其藏书量比第二名的耶鲁大学多出300万册。

耶鲁大学是美国最注重本科教育的高校之一。本科生可以使用该校的教授资源和研究生院的资源。除此之外，耶鲁大学是一所社会科学和人文科学并重的大学，让学生自己安排课表，并且没有任何的必修课。美国历史上的第一位博士便是出自耶鲁大学。

麻省理工学院因其对美国和世界科学技术革新发展做出的贡献现在已经成为闻名世界的一流大学，该校以培养科技工程人才为主。

（一）政府对高校教育的管理方式

美国政府对高校教育的管理方式主要分为以下 3 种。

1. 联邦政府管理

美国教育部基本不干涉课程标准的设置，是美国内阁层级的联邦部门，主要负责分配、发放联邦教育经费、编列联邦补助方案等，为美国高校提供一个州不能独立提供的教育服务。美国联邦最高法院通过典型案例裁决和行使监督执法权间接参与高校教育管理。

2. 州政府管理

与联邦政府相比，州政府对高校教育的发展有着广泛的管理权，而联邦政府只属于一个辅助的管理层面。美国的立法机构负责确定各州高校的教育目标、政策、原则和评估标准，并且可以通过监督来解决与教育有关的问题。大多数州都会设立高校教育委员会，经过审核后，这些院校才能获得建校许可。除此之外，该委员会还可以对公立院校的师资配备和课程标准进行规定等。

3. 地方自主管理

地方自主管理主要是指社区委员会对社区大学进行管理。社区大学一般是指用州民或市民的税金来运营的高校。这类高校是由原来的中学教育演变而来的，学制一般为两年制。

（二）董事会的优势

在美国高校内部管理体系中，董事会属于领导机构，有着十分悠久的发展历史和明确的法律地位。美国高校董事会是高校最高审议机构和决策机构，掌握着高校的主要管理权，其成员以校外人士为主。一般情况下，公立大学董事会的选举有相应的、具法律效力的选举章程，通过州长任命、州长提名、州议会选出、人民选举等方式产生。美国高校董事会的优势主要体现在以下几个方面。

1. 制度和法律保障完备

国家政府给予高校董事会制度高度的重视，为其制定了完备的政策法规。一般情况下，董事会根据本州相关法律或由州议会发放特许成立，其权利受法律的保护。具有法律效力的相应章程主要包括运行、任职、成立、选举等方面，是高校稳定性、独立性、持续性发展的重要保障。

2. 持续灵活创新

美国的董事会制度不断变革创新，广泛借鉴了其他国家的大学管理模式。其经验借鉴以欧洲传统名校的管理经验为主。但是美国高校并不盲目地照搬照抄，而是根据本校的实际情况对他国模式进行调整，从而创新出符合本校发展的新管理模式。这种持续灵活创新的特点有利于高校董事会制度不断焕发出新的活力，从而与外部世界相适应。

3. 内外部相结合的管理方式

高校董事会的成员大多是校外人士。教师通过参加董事会下设的委员会可以获得部分人事权和学术事务管理权，从而与董事会共同参与高校管理工作。主要工作包括制订学术发展目标、遴选主要行政领导、设置课程、聘任教师、控制教学内容与时间等。内外部相结合的管理方式不仅充分反映了社会对高校实现社会职能的诉求，还有效避免了高校因内外领导责权问题引起的混乱。

4. 广泛的社会参与

美国社会的主要价值取向强调民主，这也是高校成立董事会的主要原因。这种普遍的社会参与将社会与高校紧密联系在一起。

（三）社会团体的主要任务及认证机构的类型

美国高校教育所涉及的社会团体的主要任务是通过各种方式协调利益关系、表达利益诉求，影响政府和高校的教育决策，如宣传、教育界协会的集体谈判、资助拨款、选举投票、集会、游行等。主要分为内部和外部两个集团，其中内部集团主要是指政治集团和自主集团；外部集团主要是指工会、行业协会、政党等。需要注意的是中介组织一般特指认证机构。

第三方认证方式是美国高校教育认证的主要方式之一。第三方认证机构可以分为以下三个大类：一是专业认证机构。专业的认证机构致力于为全国各地的高校提供专业的评估和认证服务。二是区域性院校认证机构。区域性院校认证机构则专注于对特定地区的高校进行综合评估和认证，以确保其在当地的教育质量。三是全国性院校认证机构。全国性院校认证机构则专注于为全国的高校提供认证，以确保它们符合特定的目标。

一般情况下，美国公民在就读高校前会向相应的教育认证机构咨询高校的相关信息，如课程设置、质量评估报告、专业等。第三方认证的方式为美国公民提供了更为科学、便捷的信息获取渠道。

概括而言，美国高校教育的管理主体包括政府、高校、社会机构等，这些主体之间相互制衡又相互合作，使整个制度充满了活力。分工和制衡也是美国高校教育分权式管理制度的主要特点。其中，社会机构的主要任务是协调和监督组织之间的关系；高校董事会的主要任务是高校内部管理和发展运营；政府的主要任务是高校教育的宏观调控。

在宏观管理制度方面，立法机构、州政府和联邦政府从不同的角度出发促进高校教育的发展。立法机关主要通过立法不断完善制度；州政府充分发挥积极性和自主性，使高校教育与当地社会发展相适应；联邦政府负责处理全国性事务，从宏观上把握高校教育的走向，并通过经济杠杆手段间接实现政府意志。

每个部门都将不适合本组织性质和能力的工作交由其他组织，只在与自身相适应的工作方面发挥作用。而我国高校教育管理的主体则是以政府和政府化的高校内部管理机构为主，不适应市场经济的需要，且组织庞大，效率低下。因此，我国高校可以借鉴国外的管理体制，充分调动各个主体的积极性。

二、美国高校教育管理创新发展趋势

（一）完善高校教育管理体制

现如今，美国高校已经形成了一种自主办学、开放和竞争的主流趋势，推动了美国经济的发展。随着经济全球化的发展，由于美国具有较强的市场经济适应性和面向世界的开放性，所以其高校可以牢牢把控主动权，不受外界干预实行自主办学，激发了人才市场的竞争、同行之间的竞争和办学经费的竞争。完善的高校教育管理体制能够为社会培养出高质量、多类型、多层次的人才。

除此之外，美国当代高校教育教学管理创新还特别注重开放性，注重建立一个全方位开放的教育体系。

（二）重视科学研究

近年来，市场需要已经逐渐成了美国高校教育发展的主要推动力。美国高校不仅是科学研究的重要场所，更是高级人才培养的基地。美国各高校都非常重视科研工作，明确规定了教师服务、科研和教学三大主要职责。为了适应经济的高速发展，美国高校不断加强与商业界的实质性合作，其科学研究实现了知识向经济效益的有效转变。

（三）大力发展高校继续教育

美国教育界越来越重视继续教育的问题。许多专家、学者认为，当代高校教育应该是一种终身教育，需要将传统一次性教育过程转变为持续不断的教育过程。

继续教育使普通高校教育打破了限制，成了充分满足各个年龄阶段学生的再教育需求的场所。继续教育不仅能够优化人力资源配置，提高广大劳动者的整体科学素质，还能充分挖掘高校的教学资源。目前，美国许多高校专门开设了大量的非学分课程。

三、美国高校教育管理体制

（一）高校教育管理制度

1.注重目标管理

美国高校的教育管理重点在于目标管理，这种管理方式通过对教师教学效果的监控来实现。每个学期，高校都会根据学生的学习成果来评估教师的教学质量。美国高校教育管理的一个重要特点是其严格的监督和管理。参与教师教学效果评价的主体主要包括学生、高资历的教授和系主任等。一般情况下，教师更重视学生对其教学效果的评价，主要是因为学生的评价能够帮助教师改进教学方法和手段，不断更新教学内容，从而更好地调动学生的积极性。

2.制度化的教育管理

美国高校具有健全的教学规章制度，且十分规范化。美国对高校相关教学方面的政策与管理细则、学生在学习等方面的纪律和要求、教师在教育工作中的职责和义务都作出了十分明确的规定。除此之外，美国还对高校的教育资源和管理机构等相关情况进行了简明的介绍。

美国高校十分重视本校的软件建设，在其不断改进教学工作的过程中，利用指导性文件来规划教学工作。

（二）管理组织

从宏观的角度来看，美国高校教育教学管理体制属于分权型的管理体制，可以分为州政府和联邦政府两级。1867年，美国教育部正式成立，其主要职权主要包括三项：一是负责收取和统计全国教育状况的资料；二是在基础教育和高校教育方面制定一些研究项目；三是负责联邦政府对地方补助拨款的分配和管理。由此可知，美国教育部不直接干预高校的决策与管理，其权力较小，即美国高校教育管理体系主要以州为中心。但是各州的高校教育管理各成体系，没有形成统一的模式，一般分为以下两个部分：一是执行教育法规的“州教育厅”；二是代表立法机构的“州教育委员会”。

目前，制定教育法规是各州教育委员会的主要职则。各州教育委员会主要负责监督和宏观管理各高校的办学目的与教育质量。虽然美国各高校办学目标与特点有所差异，但其管理组织基本都包括以下三个部分。

（1）教授评议会

美国高校基本都设有教授评议会。教授评议会要求教授参与到高校的管理工作中来，是高校管理组织重要的组成部分。教授评议会充分体现了美国高校民主管理、教授治学的特点，同时极大地减少了在教育教学和科学研究方面的决策失误。

（2）高校行政管理机关

高校的校长是高校行政管理机关的首席执行官，因此其作为高校管理的中枢组织掌握着管理高校的实权。美国大部分高校均实行校长负责制。校长不仅肩负高校管理的全部责任，还对高校内部的各项工作拥有最终决定权。除此之外，校长还要对董事会负责。

（3）高校董事会

在美国高校的管理体制中，董事会属于最高管理机构，其主要任务包括审批重大的方针政策及一些方面决策事宜，沟通高校与政府、高校与社会的关系，并努力得到他们的支持；监督办学目标与教学质量；审批高校制定的长期发展规划；任命大学校长；等等。

（三）教学质量保障机制

美国高校教育最明显的特征是体制的多样化和分权化。近年来，美国高校教育已经逐渐发展成了一个非中央集权管理，且多类型、多层次的教育体系。一般情况下，高校拥有较大的自主权和独立权，因此可以按照自己所选择的方式和社会需求办学，很少会受到国家的影响。由于美国高校教学组织、课程设置、办学目标，以及软硬件的条件和管理水平等存在不同之处，其在办学质量和办学特色等方面差异较大，因此必须依靠一定的机制来保障教育的质量。

美国建立高校教育质量保障机制的目的主要有两个：一是推动各个院校的发展，同时帮助薄弱的院校树立自我改进的目标；二是确认高校或某一专业是否达到标准。

教育质量主要通过认证制度来保障。认证制度主要包括以下两种类型。

（1）“专业性”认证

主要是指通过全国性的专业认证机构对高校的某个具体专业进行评估。评估的内容包括原始资料、各种教学文件、师资队伍、课程设置、教学管理、实验设备等方面。

（2）“全校性”认证

主要是指通过地区性的认证机构来对高校进行整体评估，评估内容包括教育质量、办学效益、管理水平、办学目标、物资条件、学校工作师资队伍等方面。

四、美国高校教育管理的经验

（一）管理体制上持有自治权

高校只有在拥有自治权的前提下，才能更好地实现其发展目标。近年来，我国高校吸取了国外高校教育管理的经验，致力于使民办大学的发展进入法治化的轨道，同时国家也陆续赋予公办高校一定的自主权。

高校作为教育的主体，在高校的发展规划、学费收取、人事任免、招生规模和专业设置等方面应享有充分的办学自主权。这不仅能增强高校的办学实力，还能使其形成自己的特色，从而实现良性循环。

（二）办学体制上的并举

经过长期的发展，美国已经基本形成了公、私立学校数目各占一半的基本格局，实现了使公、私立高校教育共同发展的目标。一般情况下，公立高校的平均规模要大于私立高校，其在校人数大约占总人数的 75％左右。但是美国的精英教育一般集中在私立大学。

（三）全方位开放的高校教育体系

近年来，全方位开放的高校教育管理体系已经成为推动美国社会、科技经济发展的主要动力。美国高校基本可以分为两年制的社区学院、四年制学院、综合性大学等类型，充分满足了不同层次的人才培养要求。

（四）高校教育投入多元化

从美国实现高校教育持续发展的角度来看，其注重高强度的全社会教育投入是另一个重要的经验。美国高校经费投入多元化的基本格局主要是由高校自办商业收入和学费，联邦、州政府和地方政府的教育财政拨款、资助，企业和校友对高校的捐助，各种类型的基金会的资助，高校基金的资本市场运作等共同构成的。这也是支持美国科技经济不断创新发展的主要因素之一。

第二节　英国高校教育管理

一、英国高校教育管理体制

英国的高校教育处于世界领先水平。"建立世界一流的高校教育体制"始终是英国高校的主要教育目标，极大地推动了英国经济和政治的发展。英国有许多世界一流的高校，如剑桥大学、牛津大学等，同时也培养出了活跃在各个领域的人才。

除此之外，英国高校良好的教育质量吸引了大批海外学生。这不仅能够对英国高校的发展起到推动作用，还能进一步提高国家竞争力。

（一）英国高校教育管理体制概况

英国高校教育管理体制的核心是由政府宏观引导，高校进行自治。英国政府为教育专门设置了一个教育部长的职位，教育部的全称是"教育与技能部"，其主要任务是从宏观上制定相应的政策。具体细则的制定和落实则由政府教育部组建的各个机构来共同完成。这些机构包括英格兰高等教育拨款委员会、高等教育研究会等。这些机构直接面对各个高校，其最终目标是运用资金支持、外部审核等手段提高教育质量，因此其不仅要负责监督和评估高校的政策执行情况，还要为高校提供各项服务。

（二）英国高校内部管理体制

英国高校内部管理体制主要是指高校各个层级的委员会对高校的事务进行决

策，制定高校的发展战略。1992 年，英国政府针对高校教育进行了重大改革，从而使之后建立的高校管理体系与之前的存在较大差异，主要表现在学术评议会的设置和大学理事会两个方面。1992 年之前的高校主要根据自身的实际情况来确定委员会的规模和人员构成，并且主要由学术评议会负责处理学校的事务；而 1992 年之后的高校则根据《继续教育和高等教育法》的要求来确定委员会的规模和人员构成，且由理事会负责处理学校的所有事务。

1. 名誉理事会

名誉理事会只在每年春天召开一次，是由英国高校沿袭下来的。

（1）主要职责

负责审核由校长提供的年度财务账目、听取校长做年度报告、任命名誉校长等。

（2）人员构成

主要包括议会代表、学院代表、领导成员、终身成员、其他机构代表、高校代表、公共部门委任代表等。

2. 大学理事会

大学理事会是由校内专家和部分校外专家共同构成的，是高校最高的权力机关。

（1）主要职责

负责任命校长和其他重要官员、评定教授、确定其下设的附属委员会委员名单、负责高校各类资源的经营和管理、受理学生的最终投诉、决定授予名誉学位的名单等。

（2）人员构成

主要包括学生会代表、高校评议会代表、领导成员、公共部委任代表、教师代表、由学术评议会任命的非在校学生会员、由理事会任命的非在校人员、学部主任等。

3. 学术评议会

学术评议会可以对高校实业委员会、科研委员会、教学委员会进行直接管理，并协管高级管理委员会。

（1）主要职责

负责审批对学术科研项目的专项支持、学位授予专业及审核学生考试成绩等。

（2）人员构成

一般情况下，学术评议会的主席由高校校长担任，其他委会成员包括推选出来的师生代表、各学院院长、各学部的部长、资深教授等。

4. 高级管理委员会

在英国高校教育管理体制中，高级管理委员会被人们称为"王位背后的实权"，是真正的权力部门。

（1）主要职责

负责高校各个领域的政策制定，负责联系英格兰高等教育拨款委员会、对资源配置相关的内容提出建议、商定各系部招收学生的数量、重点关注学科规划等。

（2）人员构成

主要包括高校校长、副校长、与学部平级的各个管理部门的主任、学部部长等。

5. 战略与财务委员会

战略与财务委员会负责管理高校设备、员工养老金、师生员工的健康与安全、住校师生的伙食等相关事项。

6. 服务政策委员会

服务政策委员会直接管理职业指导委员会、乡村生活博物馆、大学健康服务中心、学校联合委员会，负责管理伙食、艺术、设备、体育设施、校纪等相关事项。

7. 任命委员会

任命委员会直接管理申诉委员会、联合理事会、校工会，负责管理下一级委员会人员晋升等事项。

（三）英国高校学生事务管理体制

英国高校学生事务管理体制的特点主要包括以下几个方面。

1. 充分发挥学生的自治能力

在学生日常事务的管理中，学生会具有十分重要的作用。在英国的高校中，学生会能够参与到高校各种重大的决策之中，高校的管理层能够通过学生会了解学生真实的需求。

2. 在工作中全面贯彻英国教育理念

将教育与文化多元国家的创建结合起来，提高学生的知识水平、理解能力和学术研究能力，以及将教育与学生的能力培养结合起来是政府进行高校教育管理的主要目标。政府通过高等教育质量保障局等机构制定教学科研标准，从宏观的角度引导高校贯彻这一教育理念，确保高校达到所规定的标准。

3. 培养学生独立决策的能力

一般情况下，英国的学生事务管理会将学生看作成年人，着重培养学生的独立决策能力，而不会统一包办学生的事务。因此，学生需要根据导师和相关服务部门的建议自己作出最终决定。

除此之外，英国高校还将培养学生独立学习的能力融入了其教育理念中并给予高度关注。例如，高校为学生配备了导师和顾问，但要求学生依然需要掌握自主学习的方法。

4. 将管理寓于服务理念之中

英国的高校通常利用支持服务体系，而弱化对学生的管理理念。其主要原因是，学生服务体系经过长期的发展已经较为完善，能够覆盖学生生活、学习的各个方面。

在学生事务管理工作中，学生的意见占有十分重要的地位。英国高校通常以一学期为周期征集一次学生意见，从而充分了解学生的需求，对工作进行调整。例如，在就业指导工作中，工作人员会采用网络问卷调查、电话询问或给学生邮寄调查问卷等形式向已经毕业的学生了解其对工作的看法以及学生的工作状况。

随着经济的全球化发展，人才的培养逐渐成了各国发展的重点。因此，我国必须借鉴国际先进经验，取其精华、去其糟粕，并结合我国教育和社会的实际情况大力发展高校教育。

二、英国高校教育管理特点

英国在对高校教育进行协调和控制时通常采用评估、经济、立法和行政等手段，以实现促进科技发展、培养人才、服务社会等目标。英国高校教育经历了长久的发展，最终形成了独具特色的高校教育体系。近年来，英国高校教育改革得到了进一步的发展。其高校教育管理也随之发生了巨大的变化，即逐渐呈现出与英国历史、文化传统、政治与经济等多重因素相适应的特点。由于高校教育与政府之间的关系发生了一定的变化，高校教育的资源基础和规模、整体结构和管理也都发生了变化。

（一）加强对高校教育的控制和管理

近年来，全球化趋势、教育国际化、政治民主化、经济全球化和一体化、异质文化的交流与整合、科技革命等，使得各国高校教育管理在现代化发展进程中逐渐显现出共同的走向，即由分权走向集权。一般情况下，英国的高校是不受政府干预的，属于自治机构。随着社会的飞速发展，为了使高校对社会经济发展起到更大的作用，英国政府开始对高校的多个方面进行干预。

1919 年，英国政府成立了大学拨款委员会，在当时经济萧条、经费不足的背景下，政府通过对高校进行拨款，开始干预高校的管理；20 世纪 80 年代以后，英国政府对高校教育的宏观调控有所加强；20 世纪 90 年代初期，英国成立了高等教育基金委员会，其主要任务便是将政府规定的总经费划拨给各高校，逐渐成了政府与高校之间的缓冲组织或中介组织，是政府干预大学的合法机构。与欧洲大陆的分权趋势相比，英国高校则表现出一种政府的集权倾向。

（二）具有完善的“三位一体”的监控体系

英国政府主要通过“三位一体”的监控体系对高校教育发展及质量进行监控，即评估、立法和拨款，而不是直接干预各高校的事务。

1. 评估

对高校教育进行评估是英国监督高校教育的重要手段，也是其教育质量的重要保障。与其他国家相比，英国高校教育评估体系是相对完善的，对高校教育质量的提高有不可代替的作用。20 世纪 90 年代初期，英国的高校教育评估已有四种方式，即高校集体协商组织实施的质量审核，高校教育基金会代表政府实施的高校教育质量评估，社会评估、控制，高校内部的教育质量管理、控制与自我评估。

1997 年，高等教育质量委员会与质量评估委员会合并，重新组成了英国高等教育质量保障机构。一般情况下，其综合性评估的结果会与声誉、经费等方面挂钩，因此受到了各个高校教育机构的重视。

2. 立法

英国始终坚持以依法治教、依法治国为国家理念。19 世纪 50 年代，英国政府曾派皇家委员会进驻牛津大学和剑桥大学进行调查，并根据这两所高校的实际情况颁布了《牛津大学法案》和《剑桥大学法案》。这一举动可以说是英国政府通过立法的形式干预高校教育管理的行为。在“二战”结束后，英国政府相继颁布了多部高校教育法律，极大地推动了英国高校教育的发展。例如：1944 年，英国政府为了确立教育的新秩序，颁布了《教育法》（这一部法律被人们称为英国教育史上最重要的教育法）；1966 年，英国政府颁布了《关于多科技术学院与其他学院的计划》；1992 年，政府颁布了《继续教育和高等教育法》：2003 年，英国政府颁布了《高等教育的未来》；2017 年，英国政府颁布了《高等教育与科研法案》；等等。这些法律充分体现了英国政府是通过调研、规划立法等手段，从宏观的角度对高校教育发展的方向进行调控的。

3. 拨款

英国政府于 1919 年逐渐开始通过财政拨款对高校教育进行监控。一般情况下，英国政府所制定的科研项目主要依据经济、政治和社会等方面的发展需要，引导各高校积极竞争，从而调整发展方向。到了 20 世纪 80 年代，英国政府试图通过经济刺激来控制这个系统的趋势越发明显。

近年来，为了不断增加研究项目数量，提高研究项目的质量以及保证资金稳定，英国政府决定承担高校教育经费的主要部分，并大幅度增加了投入的额度。

（三）社会专业团体广泛参与高校教育管理

在高校教育管理中，英国政府不仅重点对教育实施予以宏观指导，还十分重视专业团体和其他机关的意见，如高校教师联合会、全国教师联合会等。这些社会专业团体能够充分地反映出教育改革的一些问题，从而为教师争取一定的利益。

除此之外，英国社会还存在许多影响高校教育决策和管理的团体，如英国国际教育委员会等。

（四）努力坚持大学自治和学术自由

随着社会以及高校教育的发展，英国政府在保留高校自治、学术自由观念的基础上，不断加强其对高校教育的管理。需要注意的是，英国政府一般不与高校日常事务的管理，如招生聘任、学术决策、常规制度的制定、课程的编制和安排、经费的使用、教材的选择等，其主要对高校发展方向等方面进行宏观的管理和引导。与其他国家相比，英国政府虽然设有教育与科学部等机构，并且对高校的校务进行了一定的限制，但是校长与教师享有较大的独立自主权。

英国政府认为大学自治、学术自由是一所高校区别于其他事业机关的根本标志，也是高校专业学术研究和创新的重要条件。英国政府还认为高校是一个供学生学习的场所，更是一个小型的社会，因此赋予其自由计划和选择的权利才是促进学生学习的最佳途径，同时还能使其更加符合民主社会的要求。

第三节　亚洲国家的高校教育管理

一、日本高校教育管理经验

（一）日本高校教育管理简介

1. 日本高校类型

日本高校主要可以分为以下三种类型。

（1）私立大学

大部分私立大学具有独立法人资格，但是个别的私立大学仍然需要接受文部省的指导和监督。

（2）公立大学

公立大学是指日本地方政府设立的大学。

（3）国立大学

主要职责包括配比补助金、编制高校教育年度预算、任命校长、确定组织形式、制定师资选拔和教学标准、设置专业等。主要由中央文部省直接管理。

2. 日本高校教育管理部门

日本高校教育中央层面主要包括以下两个管理部门。

（1）管理部门

主要是指文部省下设的学术国际局和高校教育局，其主要职责是对高校教育的行政和学术事务进行管理。

（2）咨询评议部门

主要是指中央教育审议会。这一机构主要通过广泛征求社会各阶层、在校学生、教师和各大学团体等的意见，形成了审议会制度，审议制度是日本高校教育中的特色制度之一。审议会不仅是日本高校教育管理模式的“润滑剂”，更是维护高校与社会、各级政府与高校、中央政府与地方政府之间关系的中介组织。

3. 中央集权与地方自治相结合的特点

第一，日本政府通过立法的形式确立了中央政府在高校教育管理中的主体地位，以及其统一管理全国高校教育教学事务的权利。

第二，地方教育行政机构与中央教育行政机构属于同级行政机构，地方教育行政机构不受中央教育行政机构的直接管理。

第三，对于不同属性的高校，日本政府根据其部门的不同划分管理主体。

（二）我国可借鉴的经验

长期以来，我国高校不断借鉴、模仿和融合西方现代高校教育管理模式，这是我国高校教育管理创新过程中的一个突出特点。为了促使我国高校教育更迅速地走向世界，我国高校必须广泛借鉴各个国家高校教育管理的有益经验，结合我国高校教育的实际情况，积极探索一条适合我国高校教育发展的创新之路。坚持走内涵式发展道路与对国外有益经验的借鉴吸收，不失为我国高校教育管理创新的一个思路和方法。

1. 引入计划管理机制

为了提高政府对高校的调控能力，我国高校必须积极引入计划管理机制。随着教育的高速发展，日本政府对高校教育宏观调控的力度随着高校数量的增加而不断减小，从而造成了许多问题，如经费分配、办学标准等。因此，日本文部省增设了计划处，以调整布局和结构，从而控制大学发展速度和规模。除此之外，日本文部省还着手研究制订高校教育计划。

近年来，我国高校教育事业已经进入了迅速发展阶段。引入日本计划管理机制可以有效保障我国高校教育创新工作的平稳进行，极大地延缓政府对高校教育管理方面调控力度的弱化速度。

2. 建立完善的法律保障体系

建立一个健全的法治框架，不仅可以延续我国的优良传统，还可以吸收外来的智慧。日本中央政府通过制定法规并运用经济政策，来实施对高校教育的宏观管理。由于地方教育管理部门与中央教育管理部属于同级行政机构，因此日本政府很少采用行政干预的手段。这也是二者能同时以自身的表达形式发挥作用的主要原因。

从立法的方面来看，日本现行教育法律法规对高校教育、私学补助、环境福利、学科设置、学生定员、奖励、保健、财务、行政等方面都做了详细规划，日本教育各个部门间权责明晰，对于所有事务都能做到有法可依，使其高校教育的发展相对平稳。

从经济杠杆的方面来看，日本高校通过广泛借鉴西方国家高校教育的经验，赋予了文部省高校教育经费的支配权，使其能够主动地以杠杆式调控的方式对政策倾向进行调控。

3. 建立中央集权与地方自治相结合的管理制度

这一高校教育管理制度不仅是本民族文化传统的具体体现，也是对西方高校教育管理制度去粗存精的成果。日本由于地缘和国力等原因，长期处于中央集权与地方自治的封建博弈中，所以只有采取综合式管理制度，才能既融合西方各国先进的经验，又继承本国文化传统。而我国较早便采取了集权制的管理模式，导致地方自治的情况较少。采用综合式管理制度符合我国高校教育的实际发展要求，同时也符合我国高校教育发展的阶段性特征。

二、新加坡高校教育管理

（一）新加坡高校教育管理体制

近年来，新加坡的教育管理模式发生了巨大的变化，即从分权制模式转变为中央集权制模式，并逐渐朝着能够克服其弱势、充分发挥其优势的方向发展，最终形成了中央集权制与扩大高校自主权相结合的模式。这一模式实现了单纯依靠行政领导向依靠法制和科学的领导方式的转变，使集权化不断走向民主化。

（二）新加坡高校教育管理特点

1. 政府重视信息化管理建设

1997 年，新加坡政府就已经认识到了高校教育最终会走上信息化发展的道路，从而制定并全面实施了《资讯科技在教育上的应用总蓝图》，树立了一种全新的信息化管理理念，充分体现了信息技术教育的战略地位。在其高校教育管理发展的过程中，新加坡教育部实行了倾斜政策，并投入了大量的经费，方便了高校教育工作者的教学和日常管理。

2. 政府对管理数据进行标准化规范

在信息管理的标准化建设过程中，新加坡政府给予了高度的重视，对各教育信息系统中的有关信息数据制定了必要的标准、规范，如校园网络环境、各个评估分值标准等。

3. 政府宏观管理与各高校自主管理相结合

新加坡主要由教育部对高校实行统一的网络化直接管理。这一管理体制被人们称为一级教育行政管理体制。新加坡的整个教育网络架构分为两级，即教育部和高校。教育部和高校都建立了独立的信息管理中心。政府一般只是引导和利用高校内部的管理系统，并不会过于牵制或干预体制。信息技术的发展和运用，促进了高校、高校内部与社会之间的联系，增强了政府对高校教育管理的有效性。

第四章　我国高校教育管理的实施

尽管我国的教育管理学理论在价值伦理的学术探究和现实审视上取得了一定的成就，但与国外仍存在明显的差距，大多数研究集中在技术层面，而忽略了对价值伦理的深入思考。

第一节　高校课程与课程考试管理

一、高校课程管理

近年来，国家对高校课程建设的重视程度不断提升，它不仅是学校教学基本建设的重要组成部分，更是提高教育教学水平和人才培养质量的关键，对高校教育质量有着至关重要的影响。因此，国家加大了对高校课程建设的投入，以改善教学内容、课程体系和教学方法，提升高校教学质量。

（一）高校课程管理研究的现状

1. 课程管理的研究历程

课程管理研究最早可回溯至 1925 年美国学者弗兰德（Flander）提出的课程控制（curriculum control），他结合学校情况进行了一些实证研究，其后，实证与理论性的探讨便不断增加。20 世纪 80 年代初，海林杰（Hallinger）和墨菲（Murphy）等人提出教学领导（instructional leadership）问题，引起了教育界极大的重视。同期，课程管理（curriculum management）和课程领导（curriculum leadership）的研究成果也相对较多地开始出现。日本在 20 世纪六七十年代也出现了以课程经营或运营为名的成果。20 世纪 80 年代后期，我国廖哲勋等人的著作中也涉及了课程管理问题，但是未见专门研究的论著。至于被普遍认可的课程管理（curriculum governance）一词直到1994年在美国视导与开发学会（ASCD）的年鉴中才由亚历山大（Alexandria）提出。

2. 课程管理研究的内容

（1）课程管理的研究课题

随着时代的发展，课程管理研究已经进入了一个新的阶段，因此深入探讨课程管理领域的相关问题变得尤为重要。钟启泉指出，课程管理的工作包括制定课程标准、编写课程规范、实施课程规范、改善课程实施条件以及进行课程评估。当前，课程管理领域需要进行的研究重点有建立完善的课程管理基础体系，加强课程设计管理，提升课程实施效率，完善课程评估机制。课程管理理念包括：明确课程的目标和规范；建立完善的教育计划，实现有效的课程安排；建立有效的教师和学生的培训体系；优化设施、资源、教材和教具的配置；拓展课外活动，提升教育质量。显然，课程管理的研究重点放在了课程的组织架构、运行流程以及技术工具上。

（2）课程管理体制研究

在国内，课程管理体制的研究相当广泛，其中包括四种不同的模式：统一计划型、分散管理型、板块型和蛋糕型。经过比较分析，我们发现，统一与分散相结合的模式（体制）是我国课程管理的发展方向。我们必须谨慎地推进课程管理体制的改革，避免采取激进的方法。在这个过程中，首先，我们需要合理地划分课程管理权限；其次，我们应该采用并行和逐步的策略，以确保课程管理体制的顺利转型；再次，为了提高课程管理的科学性，中央教育行政部门应该建立全国中小学课程委员会、全国中小学教材审定委员会、全国中小学考试委员会三个相互联系的管理机构，并对它们的职责和相互关系进行分析。最后，应该建立健全的课程管理制度，严格按照规定管理课程。然而，目前对于制定制度的原则只提出了两条，对于具体的制度内容涉及甚少。

（3）课程管理过程研究

课程管理的重点是组织人员，并且重视对课堂环境的调查研究。这项工作包括确定课程目标、设计课程结构、选择教学内容。在实际执行阶段，需要采取一系列措施，如组织、协调、控制，来充分利用课程资源，达到最佳的课程效果。同时，还需要对实际执行的成绩进行评估，发现问题并纠正决策过程中的不足。

通过改进和完善，使得课程体系更加符合教学目标。

（4）高校课程管理研究状态

《中华人民共和国高等教育法》《中共中央关于教育体制改革的决定》等相关法规文件都对高校的课程管理进行了深入的探讨，但大多数只停留在表层，没有深入挖掘其中的精髓。王良志首次尝试探索中国大学课程管理的模式，并且提出了一系列有助于推动教育改革发展的观点，以期唤起社会各界对于高校课程管理研究的重视。

高校课程管理旨在培养高质量的人才，但实际上，由于时间、空间、资源、组织、程序和成果等六个维度的限制，课程的运行往往偏离这一目标。《本科教育设计》（*Designing undergraduate education*）一书中提出，应该采取更加创新的方式，以实现学校的教育目标，并且能够更好地协调课程的运行。

《管理大学课程：形成共同动因》（*Managing the University Curriculum*：*Making Common Cause*）一书由 1994 年由罗宾斯（Robbins）撰写，描述了英国 20 世纪 60 年代以来的高等教育变革，包括罗宾斯的报告、十几年后开放大学的出现，以及 20 世纪 80 年代中期撒切尔政策的影响，这些变化对英国的高校产生了深远的影响。通过从政府的角度出发，结合高校校长、中层管理人员、教师的视角，精心设计并构建有效的教育体系，来重塑高校的学术氛围，提升其在社会上的影响力与地位。

综合来看，高校课程管理研究相当薄弱，目前的文献资料主要集中在中小学课程管理，这一领域的研究仍然存在许多挑战。大多数文章只是从作者的角度出发，试图从理论上探索课程管理的问题，而没有形成一个完整的研究框架，讨论的问题也缺乏深度。除了传统的行政管理方式，我们还需要开展技术手段的研究，以便确定课程的目标、组织课程内容，并且根据相关的理论和规范对课程进行评估，以期获得更好的教学效果。尽管已有一些论述，但是关于课程管理机构的设置、机构之间的隶属关系以及相应的权力归属等问题，讨论仍然缺乏明确性和可操作性，而且大多数资料仅停留在经验研究的层面，缺乏对具有动态过程特性的课程管理的深入探索，使得课程管理研究存在明显的不足。

研究课程管理体制是一项重要任务，它不仅涉及课程管理机构的设置、权力归属、人员配备，还涉及如何有效地调控课程实施，以及采取哪些措施来达到教育目标。因此，课程管理体制的研究可以为高校提供一个完整的框架，从而更好地指导高校的工作。

高校课程管理体制是一个综合性的机构，它涵盖了课程行政和内部管理的各个方面，包括设立专门的课程管理机构，明确职责范围，建立有效的管理制度，以及制定相应的规章制度，以确保课程的有效实施和质量的提升。高校的课程管理体制通常是稳定的，但它对课程管理活动的影响可以通过改变课程管理机制来实现。课程管理机制旨在建立一种有效的、协调性的课程管理体系，以确保不同级别的机构、人员及其相互之间的关系得到有效的协调，并有效地控制课程的进度，从而提高教学效果。为了更清晰地阐释课程管理体系的运作机制，我们将其中的课程管理活动纳入讨论范围，以便更好地理解其运作原理。

（二）我国高校课程建设的改革与实践

近年来，为了更好地推动本科教育的发展，加强教学资源的共享，有效地推进教育信息化，教育部积极采取措施，大力推行网络课程和精品课程的建设，以期达到更好的教育效果。为此，教育部不断制定指导性文件，确保各级教育部门及高校能够按照规定的要求，积极抓好网络课程和精品课程的建设，不断提升教育质量。

1．“九五”规划时期（1996—2000 年）

全国教育事业“九五”计划明确指出，为了满足现代化建设的需求，国家应当出台有效的政策文件，以指导高校课程建设，不断拓展专业服务范围，完善课程结构，更新教育内容，改革教学方法，以培养学生的分析问题和解决问题的能力。1995 年开始实施“高等教育面向 21 世纪教学内容和课程体系改革计划”，为了响应教育部的教学内容和课程体系改革要求，各高校都在积极开展课程建设和教学改革工作。按照相关文件中的要求，各高校正在积极推进“合格课程”“示范课程”“优秀课程”或“重点课程”的试点建设，以覆盖广泛的公共课程和学科基础课程为重点，有计划地开展校级课程建设，从教学内容、教学方法、师资队伍、教学过程等方面进行深入探索，以期达到更好的教育效果。“新世纪高等教育教学改革工程”是教育部在 2000 年推出的一项重大改革工程，旨在提升高等教育质量，培养具有创新思维、实践能力和创业精神的高素质人才，以满足 21

世纪我国现代化建设的需求。该工程旨在对高等教育的人才培养模式、教学内容、课程体系、教学方法等进行全面的改革，以提升教育质量，促进教育发展。

"面向 21 世纪教育振兴行动计划"中明确指出，"要依托现代远程教育网络开设高质量的网络课程，组织全国一流水平的师资进行讲授，实现跨越时空的教育资源共享"。1998 年 9 月，教育部批准清华大学、浙江大学、湖南大学和北京邮电大学试点现代远程教育。1999 年 11 月，教育部高等教育司选择了 20 门网络课程在有关学校实施远程教学试点。为加快现代远程教育工程资源建设步伐，推动优秀教学资源的全国共享，促进我国高等教育整体质量和效益的提高，《关于实施新世纪网络课程建设工程的通知》掀开了"新世纪网络课程建设工程"的序幕。"新世纪网络课程建设工程"是"现代远程教育工程"的重要组成部分，它涵盖 200 多项基础性、示范性的网络课程，以及教学案例库、教学素材库和试题库，涵盖 5 大类 34 小类 288 个项目，旨在为学生提供更全面、更系统的教育服务。

2."十五"规划时期（2001—2005 年）

21 世纪，国际竞争日益激烈，人才成为竞争的焦点。为了满足社会对高等教育人才培养质量的新要求，高校在前期课程建设的基础上，着力打造精品课程，以满足社会经济结构的战略性调整。"十五"计划为全国教育事业提出了更高的期望，以推动课程建设。2001 年，教育部印发了《关于加强高等学校本科教学工作提高教学质量的若干意见》，就加强教学工作提出了一系列要求。2003 年 4 月，教育部下发《关于启动高等学校教学质量与教学改革工程精品课程建设工作的通知》，启动"精品课程建设计划"。同年 5 月，教育部发布《国家精品课程建设工作实施办法》，正式启动了 5 年时间（2003—2007 年）的精品课程建设计划，旨在通过建设 1 500 门国家级精品课程，大力推动高校教学水平的提升，为国家培养更多优秀的人才提供更多的支持。随着时代的发展，全国各高校积极推进精品课程建设，涵盖多个学科和专业，形成了覆盖全国、跨越省份和国家的三级精品课程体系。结合教育部提出的高等学校教学质量工程的要求，高等教育出版社同时也正式启动了"高等教育百门精品课程教材建设计划"，支持和推动全国高校的精品课程教材建设工作，重点支持建设一批本科教育公共课、基础课和专业主干课程精品教材，评选出"高等教育百门精品课程教材建设计划"精品项目 170

项，立项研究项目 184 项，此项建设调动了高校教师在教学和科研工作基础上建设立体化精品教材的积极性和创造性。

随着国家政策的出台，各大高校纷纷投入精品课程的建设中，多所高校按照相关文件要求，以“五个一流”为指导思想，制定《精品课程管理办法》，明确申报程序，完善管理机制，确立验收标准，以期达到更好的教学效果。

一是加强课程体系建设。为了更好地建设课程体系，需要根据课程性质和专业特点制定科学的建设规划，确定课程建设的特色和定位，明确课程建设的目标。

二是优化整合教学内容，打造立体化精品教材。课程内容是精品课程建设的重要组成部分，它的实用性、前沿性和创新性是衡量课程质量的重要指标。采用现代化的呈现方式，通过电子教案和电子课件等，更好地展现教学内容。通过这种方式，教学内容更容易被学生理解和接受。

三是注重教学方法和教学手段的改革。结合传统教学与现代教育技术，构建多样化、立体化的教学模式。在教学过程中，要灵活运用多种教学手段，进行启发式教学，鼓励学生自主思考，培养学生的学习能力。

四是突出实践环节，在实践中培养学生的创新能力和思维。通过实践活动，可以更好地培养学生的创新思维和能力。这不仅可以帮助他们将理论知识运用到实际中，还可以让他们更好地提出问题、分析问题解决问题，从而更好地适应科学技术的发展。

五是切实加强教学队伍建设，建立新教师的培训和培养机制。为了确保课程的有效开展，必须加强教师队伍的建设，通过开展专业的培训，提升教师的技能确保课程教学团队的长期稳定发展。

“新世纪网络课程建设工程”自启动以来，受到多所高校的大力支持，其不仅拓宽了网络课程建设的范围，也提升了人们对网络课程建设的认知。2003 年，“新世纪网络课程建设工程”经过严格的验收，50 多门课程被广泛应用于中国地质大学、北京理工大学、北京语言大学等高校的网络教育学院，为学生提供了更加丰富的学习资源，并且在资源建设、网络支撑平台、资源库管理系统、远程教育信息管理系统、网络课程测评、资源建设规范等方面取得了显著的成效。“新世纪机械原理网络课程建设”项目是清华大学首批启动的“新世纪网络课程建设工程”之一，学校采用优质教材，结合知识的构建，设计出具有较高水准的机械原理新世纪网络课程，以满足学生的学习需求。

3．"十一五"规划时期（2006—2010年）

加强精品课程网站建设，推动精品课程建设进一步深化，实现精品课程的示范推广作用。《中华人民共和国国民经济和社会发展第十一个五年规划纲要》中指出，"十一五"时期要着重提高高等教育质量，推进高水平大学和重点学科建设，增强高校学生的创新和实践能力。为进一步推进本科教学工作，切实提高本科教育质量，教育部下发了《关于进一步深化本科教学改革全面提高教学质量的若干意见》（以下简称《意见》）。《意见》针对教学工作当中存在的主要问题，提出了一系列具体要求，再次强调、细化了质量工程。教育部、财务部《关于实施"高等学校本科教学教学质量与教学改革工程"的意见》中指出："继续推进国家精品课程建设，遴选3000门左右课程进行重点改革和建设，力争在教学内容、教学方法和手段、教学梯队、教材建设、教学效果等方面有较大改善，全面带动我国高等学校的课程建设水平和教学质量。"按照"质量工程"要求，全国多所高校深入实施高等教育质量工程，进一步深化课程建设。

通过精品课程建设，将现代IT与教学相结合，开发出丰富的网络资源，构建一个开放的、多样化的教学体系，以满足学生个性化学习和研究式学习的需求，培养学生的自主学习能力和创新学习能力，并建立一种以学生为中心、以教师为指导、以提升学生能力为目标的新型教学模式。为了确保精品课程的可持续发展，高校应该充分利用优质教学资源，发挥其示范辐射作用，并合理运用现代教育技术手段，以实现更好的教育效果。高校应该把教学大纲、教案、习题、实验指导、参考文献、目录等资料上传到互联网，同时也可以向公众提供免费的在线课件和授课录像，以此来促进优质教学资源的共享，推动其他课程的发展。随着科技的发展，精品课程的申报评审也变得更加便捷，因此各个高校和教师纷纷投入构建精品课程平台以及创建课程教学网站的工作中。这些网站既可以与其他院校分享课程资源，又可以用于支持日常教学，实现全面的在线授课。随着科技的发展，高校的网络教学平台上出现了越来越多的精品课程网站，其内容涵盖申报网站和课程网站两个方面，申报网站提供了课程介绍、教学团队等信息，而课程网站则通过多媒体课件、课程录像视频、在线测试和交流论坛等形式，为学生提供了一个便捷、有效的学习环境。通过整合现代化资源和教材，结合多种媒体技术，如文字、图像、声音、动画、影像等，为学生提供丰富的课程内容，包括参考资料、授课录像、题库、习题等，构建多种媒体资源互补的立体化资源，有效地支撑网络教学，提升教学效率和质量。

2007 年，为了更好地推动高水准的网络教育，教育部高等教育司组织了一次大规模的精品课程建设活动，共计 192 门课程参加了评审，最终通过网上初评和会议终审，获得了 49 门优秀的网络教育课程，这不仅极大地提升了网络教育的教学质量，也极大地促进了资源的整合与共享，从而推动了网络教育的发展、改革和创新。2008 年，在 54 所现代远程教育试点高校提交的 158 门网络教育课程中，有 50 门被评为优秀，这一成就为网络教育的迅猛发展提供了强大的助力。

4."十二五"规划时期（2011—2015 年）

（1）精品视频公开课

精品视频公开课是以高校学生为服务主体，同时面向社会公众免费开放的科学、文化素质教育网络视频课程与学术讲座。精品视频公开课着力推动高等教育开放，弘扬社会主义核心价值观，弘扬主流文化，宣传科学理论，广泛传播人类文明优秀成果和现代科学技术前沿知识，提升高校学生及社会大众的科学文化素养，服务社会主义先进文化建设，增强我国文化软实力和中华文化国际影响力。

精品视频公开课建设以高等学校为主体，以名师名课为基础，以选题、内容、效果及社会认可度为课程遴选依据，通过教师的学术水平、教学个性和人格魅力，着力体现课程的思想性、科学性、生动性和新颖性。

精品视频公开课以政府主导、高校自主建设、专家和师生评价遴选、社会力量参与推广为建设模式，整体规划、择优遴选、分批建设、同步上网。

首先，整体规划、择优遴选。教育部对精品视频公开课进行整体规划，制定建设标准。高校结合本校特色自主建设、严格审查，并组织师生对课程进行评价，择优申报。教育部组织有关专家对申报课程进行遴选。

其次，分批建设、同步上网。教育部对遴选出的课程，采用"建设一批、推出一批"的方式，在共享系统上和确定的公共门户网站上同步推出。

（2）精品资源共享课

精品资源共享课是以高校教师和学生为服务主体，同时面向社会学习者的基础课和专业课等各类网络共享课程。精品资源共享课旨在推动高校优质课程教学资源共建共享，着力促进教育教学观念转变、教学内容更新和教学方法改革，提高人才培养质量，服务学习型社会建设。

精品资源共享课建设以课程资源系统、完整为基本要求，以基本覆盖各专业的核心课程为目标，通过共享系统向高校师生和社会学习者提供优质教育资源服务，促进现代信息技术在教学中的应用，实现优质课程教学资源共享。

精品资源共享课以政府主导，高校自主建设，专家、高校师生和社会力量参与评价遴选为建设模式，创新机制，以原国家精品课程为基础，优化结构、转型升级、多级联动、共建共享。

首先，优化结构，转型升级。教育部组织专家根据教学改革和人才培养需要，统筹设计、优化课程布局。高校按照精品资源共享课建设要求，对原国家精品课程优选后转型升级，并适当补充新课程，实现由服务教师向服务师生和社会学习者的转变，由网络有限开放到充分开放的转变。

其次，多级联动，共建共享。鼓励省（区、市）、校按照精品资源共享课的建设定位，加强省、校级精品资源共享课建设，通过逐级遴选，形成国家、省、校多级，本科、高职和网络教育多层次、多类型的优质课程教学资源共建共享体系，探索引入市场机制，保障课程共享和持续发展。

5.“十三五”规划时期（2016—2020年）

第一，建设一批以大规模在线开放课程为代表、课程应用与教学服务相融通的优质在线开放课程。支持具有学科专业优势和现代教育技术优势的高校，以大学生文化素质教育课、受众面广的公共课和专业核心课程为重点，建设适合网络传播和教学活动的内容质量高、教学效果好的在线开放课程。鼓励高校间通过协同创新和集成创新的方式建设满足不同教学需要、不同学习需求的在线开放课程或课程群。有组织地建设一批高校思想政治理论课等在线开放课程。

第二，认定一批国家精品在线开放课程。综合考察课程的教学内容与资源、教学设计与方法、教学活动与评价、教学效果与影响、团队支持与服务等要素，采取先建设应用、后评价认定的方式，2017年前认定1 000余门国家精品在线开放课程。到2020年，认定3 000余门国家精品在线开放课程。

第三，建设在线开放课程公共服务平台。在具有良好公益性、开放性的国内已运行平台中，通过申报、专家遴选的方式，选择基础良好、技术先进、符合国情、安全稳定、优质课程资源集聚、服务高效的平台，认定为在线开放课程公共服务平台。鼓励公共服务平台之间实现课程资源和应用数据共享，营造开放合作的网络教学与学习空间。鼓励高校使用在线开放课程公共服务平台。高校也可选用适合本校需求的其他国内平台以及小规模专有在线课程平台，开展在线开放课程建设和应用。鼓励公共服务平台与国家开放大学教学平台开展合作，为终身教育提供优质课程。鼓励平台建设方、高校协同建设和运用在线课程大数据，为高校师生和社会学习者提供优质高效的全方位或个性化服务。

第四，促进在线开放课程广泛应用。鼓励高校结合本校人才培养目标和需求，通过在线学习与课堂教学相结合等方式应用在线开放课程，不断创新校内、校际课程共享与应用模式。鼓励承担对口支援任务的高校探索通过在线开放课程支援西部受援高校教学，受援高校应积极应用在线开放课程。鼓励在线开放课程公共服务平台在保障公益性的同时，积极探索课程拓展资源与个性化学习服务的市场化运营方式。

第五，规范在线开放课程的对外推广与引进。对外推广或引进课程应遵守我国教育、中外合作办学、互联网等相关法律法规，履行我国加入世界贸易组织有关教育服务的具体承诺，并择优推荐选择。高校或平台承担课程对外推广或引进课程的直接责任。鼓励通过在线开放课程公共服务平台和境外平台积极对外推广我国优质课程。鼓励优先引进反映学科发展前沿且具有先进教育理念和教育经验的自然科学、工程与技术科学等学科优质课程。

第六，加强在线开放课程建设应用的师资和技术人员培训。依托高校、相关机构、专家组织和在线开放课程公共服务平台，根据教师、学生的需求变化和技术发展，开展课程建设、课程应用以及大数据分析应用等培训。

第七，推进在线开放课程学分认定和学分管理制度创新。鼓励高校制定在线开放课程教学质量认定标准，将通过本校认定的在线课程纳入培养方案和教学计划，并制定在线课程的教学效果评价办法和学生修读在线课程的学分认定办法。在保证教学质量的前提下，鼓励高校开展在线学习与课堂教学相结合等多种方式的学分认定、学分转换和学习过程认定。

6. “十四五”规划时期（2021—2025年）

在“十四五”规划中，明确了继续坚持优先发展教育事业，坚持立德树人，重点建设高质量教育体系，进一步巩固人才培养的中心地位和本科教学的基础地位，为实现建成文化强国、教育强国、人才强国、体育强国、健康强国的教育远景目标而奋斗，使国民素质和社会文明程度达到新高度、国家文化软实力显著增强。

近年来，为了提升教学质量，各高校纷纷加大投入，尤其是高职院校更是积极探索课程群建设的实践与研究。不断深化课程体系建设，增强课程的整合性、综合性，以期实现教学资源的优化配置，提升专业课程的整体水平。

二、高校课程考试管理

在高等教育的进程中，课程考试扮演着至关重要的角色，它不仅可以用来衡量教学成果，还可以用来收集有关教学情况的信息，同时能够维护教学秩序，确保教学质量。因此，有效地实施课程考试管理，以确保其具有科学性、规范性、合理性，已经成为当今高校教育管理的必备技能。本书通过系统论的方法，深入探讨了高校课程考试管理的各个环节，揭示了它所面临的挑战，并给出了一些有效的改革建议，从而构建一个完善的、有效的、可持续的课程考试管理体系。通过严格有效的考试管理，不仅能够有效地提升高校课程考试的效率，还有助于检验教师的教学质量，及时发现并解决存在的问题，从而更好地评估学生的学习成绩和创新思维。此外，有效的考试管理还有助于保障考试的公正性，培育出一种认真负责、勤奋好学的考风。考试管理系统是一个复杂的、充满活力的、具有多种影响力的动态过程，它受到许多因素的影响，这些因素的变化会带来更多的挑战和风险。当前，高校课程考试管理存在诸多挑战，其中包括：对考试目标和功能缺乏全面认知；考试设计缺乏科学性；考风混乱，作弊行为屡禁不止；考试质量评估仅停留在表面，缺乏实效性；补考缺乏严谨性。对高校课程考试的重要性认识不够深入，教考合一存在弊端，缺乏科学、规范的管理，考场管理不严，忽略阅卷管理，再加上缺乏科学健全的评价与反馈体系，导致了这些问题的出现。

为了实现高校课程考试的有效管理，必须从根本上改变考试观念，建立一个完善的考试中心，制定严格的考试管理规章制度，培养优秀的考试管理人员，将教学与考试分离，提供多种考试形式，重视日常考试，并实行全面的考试管理。

（一）高校课程考试管理的现状及原因分析

1. 当前高校课程考试管理中存在的问题

第一，考试管理重点错位。高校课程考试是一个重要的教学环节，它不仅可以检查学生的学习情况，还可以作为一种教育评价工具，用于激励学生的学习，并且可以通过反馈调控来提高学生的学习效果。课程考试本来是用来评估学生的能力的，但是现在它的作用已经远远超出了这个单一的评估功能。它通过限制教学内容和学习方法来影响学生的思维方式，甚至决定他们对外界的理解方式。考试已经成为一种固定的形式，它以其严格的评分标准来限制学生的知识结构和思维方式，从而使学生的知识类型受到限制。因此，高校的学生更多地关注的不是如何有效地掌握知识，而是如何通过考试获得更好的学习成果。考试可以检验学生的学习效果，但过度扩大它的评价功能会削弱它的督促和引导作用。考试管理是一个复杂的过程，包括命题、审题、施测、评价和反馈等环节，任何一个环节的疏忽都会影响考试的效果。一些高校把考试管理的重点放在考场的管理和考试成绩的评估上，而忽视了教师的命题、阅卷和考试结果的分析处理，甚至有些教师只是简单地把考试成绩公布给学生，而不会真正深入探究学生的学习情况，从而影响学生的学习效果。

第二，考试设计环节不科学。考试设计环节包括制订有效的考试计划，明确考生的期望，确保考试的内容与标准，选择合适的教学方式，以及精心挑选题型并编写答案。在高校课程的考试设计过程中，存在以下几方面的问题。

一是考试内容片面。考试内容的重要性不可忽视，因为它直接影响到学生的学习方法和态度。如果考试内容偏重于零星事实和条文公式的复述，学生很可能会陷入死记硬背的恶性循环；而如果考试内容偏重于教材中不重要或生僻的部分，学生很可能会被这些题目所吸引，从而产生一种被动的学习态度。大多数高校课程考试更加侧重于知识记忆，而不是对学生创新能力和综合能力的考查。

二是考试形式单一。考试作为一种重要的教学手段，其目的在于帮助学生更好地掌握知识，提高他们的思维能力，以及培养他们的创新思维、实践技能。因此，应该采取多种多样的考试形式，以更好地满足教育教学目标，促进学生的全面发展，提升他们的综合素质，为社会作出贡献。考试应该根据课程的特点而定，应该采用多种形式，避免单一的考试形式。对于实验性较强的课程，应该采用理论与实践相结合的方式；对于计算机类的课程，可以增加网络在线考试；对于艺术类的课程，则应该重视实践。将学生的日常表现、测验、作业和期末论文或笔试综合起来，可以更好地反映他们的学习能力。然而，目前大多数高校仍然采用闭卷笔试，而且往往是一次性完成所有考试。这种方式只能考查学生对知识的掌握程度，而无法全面反映学生的技能和素质。如果没有平时的过程考核，一方面会导致教学过程缺乏控制，让一些基础较好的学生认为只要通过了最后的考试就可以放松，从而形成恶性循环，既影响学生掌握知识，也影响教学秩序；另一方面，会给一些基础较差的学生带来更大的考试压力，期末考试成绩往往不尽如人意，甚至需要补考或重修，这也是许多学生冒险作弊的原因之一。

三是考试命题模式不合理。从课堂教学到考前复习、命题制卷、监考、阅卷等各个环节由一位教师独自完成，许多教师在命题时没有严格按照教学大纲来确定考试目标，而是凭借自身的理解来进行命题，这种随意性极大地影响了考试的公平性和准确性。

第三，考风涣散，考试作弊屡禁不止。考试作弊的方式已经发生了巨大的变化，从传统的夹带答案、交头接耳、旁窥、抄袭等手段到利用现代先进工具发送短信暗号等，甚至还有主考教师在考前漏题和阅卷教师无视考试规则而给予个别试卷加分等行为。由于考试作弊现象的存在，高校无法客观准确地评估学生的学习成绩和教师的教学效果，也无法获得可靠的信息反馈，这不仅违背了教学规律和考试目标，还破坏了正常的教学秩序，影响了教学质量的提升，也影响了高校良好学风和校风的形成，不利于培养健全的人格，从而影响人才培养的质量。

第四，考试质量分析流于形式，忽视反馈。考试质量分析和评价是现代考试管理的基础，它不仅可以提高考试的效率和准确性，而且可以有效地促进考试的科学化。因此，加强考试质量的科学分析，不仅可以提高考试的效率，而且可以有效地提升考试的质量，从而更好地满足社会对考试的需求。通过考试质量分析，高校可以更准确地评估学生的学习成果，从而更好地了解学生的学习情况和实践能力。这一过程包括两个部分：试卷质量分析和学生成绩分析。试卷质量分析是评估学生学习成果的基础，它要求试卷的各项指标都能够满足教学大纲的要求，从而更准确地反映学生的学习水平和学习效果，并发现教师教学中存在的问题。目前，许多高校都开展了试卷分析工作，但由于各种原因，这些工作往往只停留在形式上。当高校大规模的课程考试结束后，大多数教师会将成绩送交给教务部门，标志着期末考试活动的结束。然而，有些教师即使进行了试卷分析，也只是简单地统计了及格率、优秀率和各分数段人数分布，真正组织教研室教师坐下来认真、科学地分析试卷，分析考试难度、信度、效度和区分度的比较少，这样的做法往往会导致期末考试活动的失败。因此，考试无法有效地诊断和反馈教学情况。控制论的创始人维纳（Wiener）曾说过："一个有效的行为必须通过某种反馈过程来取得信息，从而了解目的是否已经达到。"[①] 考试是一个重要的学习阶段，它不仅可以帮助学生完成学习任务，还可以为他们提供反馈信息，以便他们能够更好地完成下一阶段的学习，避免出现同样或类似的问题。通过考试，学生可以更好地掌握知识，并且培养良好的学习态度；教师可以利用试卷分析表来帮助他们制订更有效的教学计划，并选择更有效的教学方法。然而，根据调查发现，即使是这些简单的试卷分析信息，也只能反馈到课程组一级，而没有被存入院系，没有得到中观层面的汇总、分析和反馈，导致许多有价值的信息得不到充分利用，从而影响教学管理和质量考核的效果。通过试卷分析很难有效地监控和激励教学质量。

第五，补考不严肃。补考是一项重要的考试，必须严格执行，以确保考试的公平性和公正性。如果我们不能严格把好补考关，就会给一些学生造成误导，他们会把希望寄托在补考上，而不是认真学习，以免考试不及格。教师在命题时，一般会根据学生的学习水平，选择 A、B 卷，由教研室主任或系主任抽取期末考试试卷，并且采用补考试卷，以确保命题的准确性和可靠性。尽管两套试卷的题目相似，但教师仍然会在命题上做出一些调整，以便让学生能够更好地理解期末考试的内容和题型。因此，有些学生会选择参加补考，以期获得更多的机会，某些高校会将期末考试的结果作为补考的依据，这种做法既不严肃，也会影响学生的学习效果。

2. 高校考试管理问题的原因分析

高校课程考试管理存在问题的原因是多方面的，既有体制与观念层面的，也有具体操作层面的。

第一，对高校课程考试在人才培养中的重要性认识不足。游正伦在《教学论》

① 诺伯特·维纳．控制论[M]．郝季仁，译．北京：科学出版社，2009.

一书中指出，考试"对学生来说，鼓舞学习，督促复习；对教师来说，检查教学，了解效果，改进教学，总结经验；对学校及上级教育机关来说，了解教师教学情况、教学工作问题，改进领导；对国家来说，是选拔人才，择优的手段"。[①]然而从目前的情况看，在大多数高校中，考试不仅是教师完成教学任务的标志，也是学生获得分数的重要手段。然而，在这种情况下，考试的意义和作用似乎并不明显。近年来，教师和学生对考试的认知发生了巨大变化，考试不再是一种获取利益的工具，而是一种评估教学效果和质量的重要手段，它可以帮助教师更好地了解教学中存在的问题，从而推动高校教学质量的提升，促进学生素质的提高。

第二，教考合一的弊端。教考合一是一种有效的教学模式，它可以让教师在课程教学和考核评估中发挥自身的优势，从而提高学生的学习效果，激发学生的创造力，同时也能够更好地反映教师的学术水平、教学能力、事业心和责任感等特点。然而，从目前的情况来看，教育与考试合并似乎是弊大于利的。

在教考合一的制度下，教学大纲的核心地位被削弱，它不再是组织课程实施的唯一依据，而是直接影响着教学质量。部分教师不按照教学大纲和命题原则，题量、题型、知识的覆盖面以及试题的难度、效度、区分度都存在很大的随意性，这使得命题结构不科学、不合理，考试的可靠性也大打折扣，从而导致教学大纲无法得到有效实施，教学质量也无法得到保证。

在"教考合一"的情况下，由于缺乏有效的约束机制，考试成绩的准确性往往会受到影响，导致教师缺乏责任感，缺乏良好的教学态度和有效的激励措施，从而导致"上课时重数量，讲课时重兴趣，命题时重分数，阅卷时重人情，但忽视原则"的现象出现。因此，有必要加强对教师的管理，提高他们的责任感，并且实施有效的约束。

第三，对命题缺乏科学、规范的管理。缺乏科学、规范的命题管理是一个严重的问题，因为它会影响考试的质量和效果。因此，有效的命题管理必须建立在科学、规范的基础上，以确保考试的公平性和准确性，从而实现预定的命题目标。命题管理是考试过程中不可或缺的一环，它不仅要求考生掌握考试标准，还要求考生在考试后进行评估、反馈和修正，以确保考试的有效性。正确认识命题管理的重要性，是实现命题管理规范化、科学化和现代化的关键，也是考试成功的必

① 游正伦．教学论[M]．北京：教育科学出版社，1982.

要前提。经过调查发现，目前我国高校在课程考试命题管理方面存在诸多问题，其中最突出的是，有些高校虽然制定了相关的管理办法，但没有认真执行，使得这些办法变得毫无意义。另外，近年来，大量的民办高校和公办高校的独立学院也没有将课程考试的命题管理纳入议事日程，缺乏统一的规范性。大多数课程的考试题型偏向于填空、简答、名词解释、选择题等简单易懂的题目，而忽略了能力和创新思维的考查。考试内容也更加注重实践性，理论题目较多，而实践性题目较少。

第四，考场管理不严格。考场管理是考试工作中最重要的一环，但由于缺乏有效的监督和管理，作弊行为时常发生。为此，各高校应当加强考场纪律的建设，制定完善的考场管理制度，严格执行考场管理，加强对监考员的监督，确保考场安全，有效防止作弊行为的发生。一些监考员未能严格遵守有关规定，未能认真履行职责，为那些企图作弊的学生提供了便利；一些监考员担心作弊会对学生的前途造成影响，因此不会及时上报，导致作弊者得不到应有的惩罚。随着作弊手段的不断变化，欺骗性、隐蔽性和技术性越来越强，使得监考员很难发现，这也在一定程度上助长了学生的作弊行为。此外，由于缺乏规范性的处理，高校的考试管理制度存在漏洞，对于考试违纪行为的处理缺乏明确的规定，而且由于态度粗暴、方法简单、取证不足等原因，考试违纪行为的发生率和严重性都有所增加。此外，高等学校的考试基本上以一个班为一考场，考场座位安排不合理，相邻同学都是熟悉的，而且座位靠得较近，这种不合理的考场编排给学生作弊提供了可乘之机。

第五，忽视阅卷管理。阅卷管理是考试工作的关键环节，它的质量直接关系到考试的可靠性和声誉，因此阅卷的组织和管理显得尤为重要。然而，当前高校仍然存在忽视阅卷管理的现象。一些课程考试结束后，高校对教师阅卷缺乏有效的监督和管理，严重影响了考试的公平性和准确性。

第六，没有科学健全的评价与反馈体系。为了更好地促进教与学，高校应当建立一套完善的评价与反馈体系，以便对课程考试进行有效的评估和信息反馈。然而，目前我国大多数高校尚未建立这样的体系，少数高校虽然已经建立了这样的体系，但是具体落实比较困难。“学生评教”是我国高校目前广泛实施的一种评价方法，它本身具有积极的意义，但是在实际应用中，学生往往会以“学生评教"中课程考试的难易程度作为主要的评价标准，而高校也将这种评价视为教师教学质量的重要参考，甚至将其作为教师去留的唯一依据。高校缺乏有效的监督机制，以及科学完善的评价和反馈机制，这是课程考试质量低下的重要原因之一。

第七，缺乏科学的考试理论尤其是课程考试理论的指导。由于缺乏科学的考试理论指导，特别是缺乏对课程考试理论的研究，使得考试和考试管理无法发挥最大的效用。目前，我国高校的考试管理人员和教师缺乏相关的理论指导，而且大多数高校没有足够的重视，使得课程考试及其管理仍处于经验阶段，以经验为基础，无法真正实现有效的考试管理。

第八，对"课程考试及管理"是一项系统工程缺乏认识。"课程考试及管理"是一项复杂的系统工程，它涉及教师的教学、学生的学习以及学校的管理，涉及的环节多而且流程长，因此要想取得成功，需要全校上下共同努力。多年来，我国大多数高校在"一贯制"课程考试及管理方面的投入较少，从而使得课程考试中出现的问题长期未能得到有效解决。

（二）高校课程考试管理的构建

1. 高校课程考试应遵循的基本原则

课程考试是教学过程中不可或缺的一部分，它既可以反映学生的学习情况，也可以检验教师的教学质量，发现教学中的问题，并将反馈的信息整合到一起，从而推动教学改革。它具备多项功能，如检验、指导、激励、评估和系统整合，这些功能是其他教学环节无法比拟的。为了满足社会的发展需求，高校课程考试必须符合学生的身心发展水平，并且能够有效地评估学生在运用所学知识解决实际问题方面的能力。此外，这些考试还可以提升教师的教学水平，从而确保人才培养的质量。考试原则是指在进行考试活动时，必须遵守的基本准则。美国高等教育学会提出了九条考试原则：第一，考试应以教育价值为核心，以学习的多样性、综合性和实用性为目标；第二，考试应以学习成果为导向，以实现学习目标为目标；第三，考试应以结果为导向，以实现学习目标为目标；第四，考试应以改进为目标，以达到最佳效果；第五，考试应以持续不断的方式进行，以达到最佳效果；第六，只有当教育界人士积极参与时，考试才能发挥出最大的作用；第七，考试应以学生的实际需求为出发点，深入探讨问题，以此来激发学生的学习热情；第八，考试可以成为推动教育变革的重要因素，从而促进教育的发展；

第九，考试是教育者向学生和公众传达责任的重要渠道。“九条原则”的核心理念对我国高校的课程考试也具有重要的指导意义。

管理课程考试是一项至关重要的任务，它不仅能够保证考试的公正性和客观性，还能够有效地发挥考试的作用，从而推动教学工作的开展。考试的质量直接影响着高校的教育氛围、学习氛围以及教学质量的提升，因此它也成为衡量高校办学水平和管理水平的重要指标。为了提高考试质量，高校应该遵循以下原则。

（1）方向性原则

考试管理是一种社会活动过程，它要求管理者根据既定的考试目标，采取合理的程序、方法、手段和行为规范，有效地配置人力、财力、物力和信息资源，以实现共同的目标。考试管理是一种有效的管理方式，它既要求考生达到预定的目标，又要求考生按照一定的方向去实现，而这些方向的正确性取决于考生能否按照所设定的目标去行动。因此，科学的考试管理必须坚持正确的方向和原则。

（2）科学性原则

通过运用先进的管理理论、教育测量与评价理论、教育管理理论和心理学理论，以及先进的管理技术和丰富的管理经验，确保考试管理的高效进行，从而达到高校的管理目标。

（3）公正原则

考试管理的公正性对于衡量高校的教育质量至关重要，它不仅反映出高校的教育水平，也直接影响到考生的个人利益，从而影响到他们对社会的看法。因此，高校应该努力创造有利条件，使考试更加公平公正。

（4）系统原则

系统是一个有机的整体，它由若干个相互联系、相互作用的部分构成，这些组成部分具有独特的性质和功能，并且与外部环境发生交互作用。考试管理是一项复杂的系统工程，涉及教学管理、思想政治、后勤保障等多个方面，需要教学管理部门进行有效的安排，以确保考试的顺利进行和考核的质量。

2. 高校课程考试管理运行条件的探讨

考试管理旨在确保考试符合标准规范，保证考试实施符合计划，使考试按照预期进度进行，及时纠正不符合要求的情况，纠正反馈信息中的错误，确保考试结果的可靠性，并从中分析成功与失败的原因，找到改进的方法，为新的考试提供理论和实践指导。将考试的意义从抽象的概念转变为可行的实践，高校课程考试管理必须满足以下要求。

（1）健全的考试组织机构

如果没有一个完善的考试组织机构，就无法深入研究考试实践中的问题。因此，必须不断更新和完善考试理论，以指导新的考试实践，使考试能够更好地适应社会发展的需求，并发挥其最大的作用。考试组织是考试成功的关键因素，如果缺乏健全的组织结构，就无法形成稳定的专业考试队伍，从而导致考试设计、实施和管理缺乏有效性，无法达到预期的标准和要求。

（2）素质优良的考试管理队伍

拥有一支素质优良的考试管理团队，严格执行各类考试行为规范和工作标准，通过对考生的有效管理，使考试运行更加有序，从而发挥出最大的效果。为了确保考试质量，提升效率和效益，培养一支高素质的考试管理团队是必不可少的。根据考试管理系统的运行流程，考试管理队伍可以划分为考试行政队伍、考试业务队伍、考试科研队伍三类。

考试行政队伍由学校、职能部门、教学单位的领导者以及其他相关行政工作人员组成，他们肩负着保证考试管理机构正常运转、实现考试管理目标的重要使命。

打造考试行政队伍是为了更好地管理考试活动，而打造考试业务队伍则是为了提高考试流程的效率。考试是一个复杂的过程，需要经过多个环节，包括命题、施测和评卷。每一个环节都对考试质量产生重要影响。如果命题人员不能准确地将人才评价标准融入考试内容和目标，那么试卷就不再具有实际的作用，也就无法发挥出它应有的价值。

随着现代考试改革的不断深入，考试科研队伍显得越来越重要，它们的职责是结合高校教育教学实际，深入研究课程考试的理论与实践问题，为高校的考试活动提供科学的指导和建议。由于高校课程考试时间的不定期性，考试管理队伍的成员大多是兼职的，因此为了确保考试质量的持续提升，这些非专职的考管人员必须具备较高的专业素养。

（3）健全的考试规范、严密的考试程序和科学的考试控制标准

考试规范是实施考试控制的基础和准则，它不仅可以指导考试的方向，防止

考试偏离预定轨道，还是维护考试权威性和公正性的必要条件。考试规范包括考务规程、命题细则、监考守则、试场规则、评卷实施细则、考试信息管理规定、保密规定、违纪处罚规定等，它们是控制考试运行的重要依据，也是考试活动的有效保障。严格的考试程序旨在确保考试过程的顺利进行，从命题到评价分析反馈、考场编排、各类工作人员配置等各个环节都要精心设计，以确保考试的公平性和准确性。科学的考试控制标准旨在确保考试的顺利进行，包括：时间标准，如命题制卷、考场设置、施测、阅卷评分、考试结果分析处理等的起止时限要求；数量标准，如考点设置、考场编排、试卷长度和满分值、试卷印制与分装、施测环节各类工作人员配备、阅卷人员及所需设备配置的数量规定等；质量标准，如考号及考场编排的科学性，考点、考场设置的规范性，各类人员配置的合理性，以及考试过程中的安全性、准确性和及时性，以确保考试的顺利进行。严格的测试控制、精心编写的试题、规范的试卷分装、准确的评分、登记和核实，以及可靠的考试成绩，能够保证考试的有效性和公正性。

（4）良好的信息传输与反馈机制

如果没有有效的信息传输和反馈机制，就无法有效地控制考试流程。因此，考试质量分析应成为信息反馈的主要手段，以便根据考试结果为学生提供反馈，检验教学目标的实现情况，评估教学措施的实施效果，发现教与学之间存在的问题，并采取有效措施改进教学工作。研究发现，通过引入反馈机制，可以培养大学生的批判性思维能力。教师在试题反馈分析过程中，要及时收集学生的真实信息，它不仅可以帮助教师更好地了解学生的学习需求，还可以从中发现命题中需要改进的问题，并从中获得许多启示和感悟。通过与学生的交流，教师可以不断反思，不断提升自身的教学经验，从而更好地指导学生学习，提高教学质量。组织试题反馈分析是一个重要的教学管理过程，它不仅可以帮助教师检查、反思、总结教学情况，还能为今后的命题、考试和评价提供宝贵的经验。此外，它还为师生双方提供了一个平等、真诚的交流和情感互动的平台，有助于提高教学效果。对考试质量的分析，可以使决策者及时客观地了解考试情况，从而有效地识别出考试中存在的偏差，并采取有效措施进行调整和控制。良好的信息传输和反馈是保证考试结果准确性的关键，也是推动考试走向科学化的重要手段。

第二节　高校教师与学生管理

一、高校教师管理

随着学生数量的迅速增加，高等教育发展中也出现了一系列问题，其中最为突出的问题是教师队伍的短缺，这也成了制约高等教育发展的一大瓶颈。目前，我国高校教师队伍的整体素质远低于发达国家，教师管理理念落后，管理体制也不够完善，无法满足高等教育发展的需求。因此，加强高校教师管理的理论研究和实践探索显得尤为重要和必要，只有不断开拓思路，探索新的解决方案，才能有效提升教师队伍的整体素质，促进高校的健康发展，为国家培养更多优秀的人才。我国高校的发展历经了从无到有、从小到大的变化，从恢复高考后的精英教育转变为如今的大众教育，随着高校扩招的步伐，一系列问题也随之而来，如资源短缺、教学质量下降以及师资力量不足等。其中，师资力量的匮乏是最为突出也最具挑战性的问题，需要在短时间内加以解决。教师是培养优秀人才的关键。2002 年，为了解决高校扩招带来的一系列挑战，教育部开展了一项全面的本科教学水平评估，旨在衡量高校的办学条件、师资队伍、教学质量和教学管理，评估未通过的将被取消招生资格，这标志着，只有拥有优秀的教师队伍，才能保证高质量的教育。2003 年，教育部启动了高校教学名师奖评选工作，以奖励一批在教学工作中表现突出、德才兼备的优秀教师，以及高校质量工程中启动的教学团队建设等，这一举措对于促进高校教师队伍的建设发挥了积极作用，对于提升教师队伍的整体水平和教学质量具有重要意义。建立一支高素质、高效率的高校教师队伍，是国家教育发展战略的关键所在。

为了提升教学质量，高校必须不断改革和完善教师管理制度。但目前的情况是，高校的师资管理理念仍然停留在传统层面，没有发挥教师的工作自主性和创造性，限制了高校之间的交流。同时，对教师的生活需求和发展需求的了解不够，这大大降低了教师的积极性。构建一个具有现代化特征的高校教师管理机制，激发教师的积极性与创造力，让他们能够更好地参与到高校的发展进程中来，是当今高校领导必须解决的一个重要问题。

自改革开放以来，我国教育研究学者一直在关注高校师资队伍建设，尤其是1995年以来，政府不断加大投入，出台了一系列政策，以促进高等教育的发展，使得高校教师管理的研究受到越来越多的重视，相关的文献也大量增加。根据广泛的调查研究，我国学者不仅从改革开放中汲取了丰富的经验，还借鉴了许多理论，以更好地分析、探讨我国高校教师队伍的管理体系，并将其应用于当前的实践，比如人力资源理论、激励理论、人性化管理理论、绩效管理理论等，以期望能够在师资队伍的管理模式和机制上取得重要的进展。

21世纪初，我国抓住机遇，实施科教兴国战略和人才强国战略，推动教育改革和发展。在此过程中，我国高等教育事业取得了长足的进步，教师队伍也发生了巨大的变化，素质、结构、质量和效益都有了显著提升。随着我国高等教育的持续发展，高校规模不断扩大，但是，由于各种矛盾的存在，打造一支满足人民需求的高水平高校教师队伍，仍然存在许多不可忽视的问题。随着我国经济社会的转型，原有的计划经济体制仍未得到彻底改变，新的管理模式的实施与传统的职称制度、招聘人才制度等存在着一定的矛盾和冲突，这给我国的发展带来了挑战。

（一）高校教师管理的现状

目前，我国高校普遍实行的是一种新型的人事管理制度，它以社会劳动者和相关事务为管理对象，通过组织、协调、控制、监督等手段，形成人际关系网络，以实现预期的目标。这种制度不仅能够更好地满足社会的需求，还能够更好地保障学生的权益，提高高校的教育质量。人事管理是一个复杂的过程，它涉及进、管、出三个环节。然而，在这个过程中，人的调动和调出往往被视为管理活动的核心内容。目前，高校的人事管理制度存在以下几个特点。

第一，政府作为高校的投资者和管理者，对其人事、财务、项目审批等方面实施严格的监督，人员流动、职称晋升、薪酬调整以及重大项目的申请等，都必须经过上级教育主管部门的审核，而高校则没有足够的自治权。

第二，重点关注教师人事关系的管理，包括对教师的招聘、培训和离职三个阶段。

第三，采用科层制的垂直型组织结构，以书记、校长、副书记、副校长为首要领导层，他们将负责高校的各项重要事宜的管理与决策，作为高校的核心决策机构，以校长办公会的形式进行协调与沟通。将其分割为两个组织：一个是行政管理机构，由教育、人力资源、财务、科学技术、后勤保障等部门组成，其中的管理者按照职位高低进行划分，如处长、副处长、科长、科员等。行政机构按照其职能范围，负责制定、实施和维护相应的政策和规章。另一个是教育机构，教育机构的组织架构包括教学副院长、科研副院长、教学秘书、科研秘书等。这些职位的级别越高，就越能够为上级指挥提供更多的支持。

第四，在教师管理上，实行的是身份制而非契约制。尽管现在许多高校与教师签订了合同，但实际上，这种管理方式并非真正的契约制。特别是对于高校来说，解除合同并将其转移到社会上是非常困难的，主要是因为目前实行的退休金制度，大多数高校教师没有缴纳社会养老保险，无法转移到社会上。

第五，在绩效考核中，强调对教师进行严格评估，并设定了大量量化指标。然而很少考虑对教师进行激励。

第六，在管理决策方面，行政管理机构负责制定政策，校长办公会则负责最终决策。

（二）高校教师管理存在的问题

随着社会主义市场经济体制的不断发展，原有的高校教师管理体制已经不能满足高校发展的需求，表现在以下几个方面。

第一，政府对高校的干预过多，而社会保障措施的缺乏，限制了高校的自主权，导致政府与高校之间的关系失去了平衡。

第二，尽管集权制的组织结构在实施管理和监督方面取得了显著成效，但由于管理者缺乏人力资源管理理念，目前的人事管理仍以教师的招聘、考核、工资、福利、奖惩等为主要工作，将教师视为人力成本，以事为中心，缺乏对教师本身重要性的认识，未形成教师是资源的理念，也未能有效开发和利用教师资源，而是将人事权集中在高校人事管理部门，导致教师的潜力无法充分发挥，从而影响了组织的整体效率和绩效。长期以来，由于缺乏有效的人事制度管理，各高校对学科和专业发展所需的人力资源培养缺乏积极性，从而阻碍了学科和专业的发展；人事管理部门过度依赖现代管理理论，导致高校行政管理出现了失灵现象，许多高校的管理观念落后，将人力视为成本而非资源，将教师管理视为一项行政事务，仅仅局限于“人事管理工作”，虽然表面上看起来管理有序，但实际效率不高。在教学和科研方面，许多高校的行政机构过于庞大，导致人力不足，行政人员比教师数量多。高校应该重视教师的权利、需求和感受，并且充分考虑他们的情感需求。高校在满足教师基本物质需求的同时，也应该关注他们的精神需求。相反，过于依赖行政式垂直管理可能会导致教师的心理排斥，也不利于激发教师的积极性和主动性。

第三，由于行政管理部门的权限集中，政策制定缺乏有效性，而且管理者的素质不高以及制度的漏洞，导致政策的制定存在先天性的缺陷。此外，部分教师在政策的执行过程中也存在抵触情绪，使得政策的执行效果受到了影响。

第四，在师资队伍的建设上，应重视引进优秀人才，同时也要重视培养本地教师，以确保教师待遇公平公正。此外，应该根据学科发展的需求，制定长期、科学的培养规划，以促进教师的专业发展。

第五，绩效评估体系亟待完善。完善的绩效评估体系是必要的，目前对教师的绩效考核存在以下几个问题。

一是绩效考核观念缺少应有的人文关怀。长期以来，“奖惩性评价”一直是高校激励教师努力工作的有效方式，但它缺乏人文关怀，导致绩效考核与预期目标存在较大差距。教师对于绩效考核缺乏主动性，与考评者处于对立状态，使得考核失去了应有的意义。

二是考核标准不明确。由于缺乏明确的考核标准，高校教师的工作效率难以得到有效评估，因此无法制定一个客观、可靠的绩效考核标准。目前，高校教师的绩效考核指标主要集中在德、能、勤、绩、廉五个方面，但实际上，这些指标往往只能反映教师的工作表现，而无法反映教师的主动性、奉献精神、合作意识等。当前教师考核指标体系存在诸多弊端，例如：仅仅依据课时工作量等指标，而忽略了教师的实际教学能力；仅仅依靠发表论文的级别、获得科研项目的级别、经费以及科研获奖等方面的指标，很难准确地反映出教师的真实水平。因此，为了更好地评估教师的教学质量，应该加强对其实践能力的培养，并且重视其实践技能的提升，从而更好地实现教育的公平性。

三是绩效考核结果存在误差。绩效考核是一项复杂的管理活动，它受到多种因素的影响，其中包括人为操作和判断，从而导致评价结果存在偏差。因此，在进行绩效考核时，应该加强对人员的监督，以确保考核结果的准确性。由于缺乏对评价者的全面培训，以及评价者素质参差不齐，在对教师绩效的评估中，会出现较大的偏差，从而导致评估结果不够客观，使得教师的教学积极性受到影响。

四是考核周期设置不合理。目前，许多高校的年度考核都采用一年一次的模式，考核周期不够灵活。因此，高校应该根据不同的绩效指标，采用更加灵活的考核周期，以便更好地了解员工的表现，并及时地提出改进建议。在评估教师的工作表现方面，通常需要花费相当长的时间来完成。比如，在进行科学研究中，通常需要花费相当多的时间来取得成果，但是，将这些成果转化为实际的生产力，并实现它们的经济和社会价值，可能需要更多的时间。

五是对教师的绩效评估出现偏差。许多高校的教学与科研之间存在不合理的关系，这种关系导致了对教师绩效的评估存在偏差，从而影响了激励机制的有效运行。因此，高校应当坚持以教书育人为宗旨，把教学作为核心，而非仅仅作为研究单位。近几年，“规模”和“名次”被许多高校视为重中之重，为达到教育部的评估要求，他们将科研成果作为评估的重要指标，将科研工作置于一种非常特殊的地位。科研成果的量化要求过于严格，而其他要求则相对宽松，这就使得在教师的绩效评估中，科研成果变得极为重要，从而导致了重视科研而忽视教学的现象。

第六，教师资格准入制度不完善，人才引进与岗位设置不匹配。目前，我国高校教师资格准入制度存在不足，高校教师资格制度的实施为教师提供了良好的发展机会，也为教师职业的发展提供了条件。然而，教师资格标准的规定过于宽泛，过分强调学历的考核，而忽略了教师的专业素养和教学能力，从而无法体现出教师职业的专业性；教师资格证书的类型过于简单，缺乏实质性的价值；对教师的心理素质缺乏有效的管控。近年来，随着高校招生规模的扩大，教师需求量的增加，许多高校都采取了一系列措施来吸引更多的高职称和高学历的教师，以提高师资队伍的数量和质量。高校在引进高级人才时，虽然投入了大量资金，教师队伍规模有所扩大，但是教师队伍的整体素质并没有得到提升。

第七，随着知识经济的发展，学校对教师的继续教育投入日益减少，许多教师的教育水平也有待提高。在这个充满机遇和挑战的时代，科学、民主、平等、自由、创新已成为当今社会的主流价值观。面对新的挑战和问题，教育理念和实践必须进行全面的改革，以提高高等教育的质量，这也是当前高校最重要的使命。为了推动教育的创新，教师必须不断改进教学方法、手段和内容，以满足当今社会对于教育理论水平和教育理念的需求。此外，随着新技术的不断发展，知识的传播方式也在不断演变，这给教师带来了更多的挑战，因此，他们必须不断提升自身的能力，以适应时代的发展。教师应该以一种平等、尊重的态度来组织课堂活动，并且拥有运用最新技术的能力，激发学生的思考，培养他们的创造性思维。在教学过程中，应该勇于尝试新的方法，并且不断完善，使之成为一种独特的教学方式。同时，教师还应该不断提升自身的教育理论水平，将所学的新知识和技能应用到实际教学中。当教学中遇到问题时，教师应该学会运用自己的思维方式来分析和判断，并寻找有价值的信息来帮助他们解决问题。

（三）高校教师管理模式的改进

改革教师管理制度对于高等教育的发展至关重要，它不仅涉及政府与教育部门之间的关系，还涉及社会保障体系的完善，更关乎高校的发展和教师个人的利益。此外，高校教师群体与一般人力资源群体有着明显的差异，因此高校在制定制度时不能简单地套用企业的管理模式，而应根据教师群体的特点进行有针对性的设计。在改革中，高校应该以治理为基础，重新审视教师资源管理体系，建立一套完善的决策制度、聘任制度、考核制度和分配制度，培养和激励教师队伍，有效利用教师资源，同时也要充分认识到校园文化的重要性，努力打造一个具有独特风格、和谐氛围的校园文化环境。

1. 重建政府与高校的关系

政府应该在高校的发展中发挥更大的作用，而不是仅仅依靠教育行政部门的监管。这需要明确各部门的权限和职责。政府应该成为高校的监督者、指导者和管理者，以促进高校的健康发展。政府和高校的分离是一个重要的问题，它需要让高校与行政机构脱钩。这意味着，高校的领导人不再受到部门、地方或厅级的限制，而是由高校的学术委员会来决定，以实现学术管理和教师管理的目标。随着政府和教育行政部门的分离，应重点加强对高校财政保障工作的支持，建立和完善财政制度，改革教育财政管理手段，确保高等教育发展所需的稳定资金支持，科学管理资金分配和运用，提高资金使用效率。同时，政府要充当中介和桥梁，支持教育中介组织的建立和发展，推动各种捐款和捐赠制度的建立，加强企业与高校之间的联系，以促进高等教育的发展。高等教育应该得到社会各界的广泛支持和资金投入。

为了更好地推动事业单位人事制度的改革，必须建立一套完善的社会保障体系。如果没有这一体系，高校的发展将无法得到有效的支持。因此，只有建立一套完善的社会保障体系，才能够有效地解决高校人事制度改革中出现的人事关系问题。

2. 高校管理者要树立"以人为本"的管理理念

在高校的教师管理中，应该坚持以人为本的现代管理理念，注重培养教师的人文素养，提升教师的归属感，将教师资源开发放在第一位，有效地利用人力资源，实现人才的合理、充分利用。为了更好地管理人力资源，高校应该加强对管理人员现代管理理论的培训，并积极吸收管理学领域最新的研究成果。管理人员应该将这些理论应用到实际工作中，使人力资源管理方法更科学、更规范、更民主，管理体制更合法、更规范。高校还应该营造尊师重教的良好氛围，尊重教师的意愿，了解他们的需求，尽可能地激发他们的积极性和创造性，让他们的潜能得到充分发挥。通过有效的管理，使高校教师能够在理性与人文之间取得平衡。为了让教师获得更好的发展机会，高校应该将管理职能转变为服务职能，为他们提供更多的支持和帮助，解决他们的后顾之忧，建立一个科学的发展平台，提高教师对高校的满意度，促进高校的可持续健康发展。

人本管理的核心理念是宽容，它不仅体现在对待教师的态度上，更要尊重他们的个人尊严、自我价值和个人需求，同时也要积极倾听教师的意见，让他们参与到高校的重大制度和改革措施的制定中来，以促进高校的发展。高校应该尊重教师的学术观点，特别是各学科的学术带头人，要鼓励多种学术观点共存，营造一个宽容、多元的学术氛围，让每一位教师都能展示自己的才华。宽容不是放纵，而是要求高校教师遵守有效的规章制度，以确保教师行为的合理性。在负强化的基础上，应该利用正强化效应，帮助教师特别是青年教师，制定更加明确的发展目标，并在实现目标的过程中给予有效的激励，以促进教师的自我再造，充分发挥其潜能，为他们提供更高层次的发展和更高价值的自我实现。

学院应该尽可能地负责管理教师资源，而高校则应该负责宏观的监督和指导，这样做的原因主要有以下三个方面。

第一，教师的管理权过分集中在高校手中，导致教师与高校之间的矛盾加剧，教师对高校的管理措施产生了抵触情绪，高校的科层制结构也使得管理效率低下，这是造成高校行政管理失灵的主要原因之一。根据治理理论，人力资源管理应该充分发挥各方面的力量，特别是要充分发挥学院在教师资源管理中的作用。

第二，学院作为高校学科建设和发展的支柱，应该深入了解学科建设中对教师资源的需求，并根据发展目标进行有针对性的管理，以实现最佳的人力资源管理效果。

第三，学院深知教师在个人发展中的需求，因此在管理过程中更加重视对教师的人文关怀，以确保他们的成长与发展。

3. 实行真正的教师聘用制，使教师做到能上能下，促进其合理流动

从《关于深化高等学校人事制度改革的实施意见》《2010—2020年深化干部人事制度改革规划纲要》《关于加快推进事业单位人事制度改革的意见》和随后出台的一系列政策可以看出，我国正在大力推行聘用制，以提高公务员的工作效率和绩效，促进社会公平正义。聘用制改革已成为当今高校发展的重要课题，并且受到了广泛关注。高校聘用制的实施旨在打破教师职务终身制，改变教师对高校的人身依附，克服教师在职称评聘过程中的论资排辈现象。然而，在实施过程中，高校面临着诸多挑战，如岗位设置、报酬定义、身份转换、合同签订、上岗竞争、下岗处理、程序流程、社保等。因此，高校应该在充分了解自身情况的基础上，借鉴国外发达国家的成功经验，以期达到更好的效果。

英国1988年颁布了《教育改革法》，从法律上取消了教授、副教授和高级讲师的终身在职权，使得高校可以根据实际情况合理解雇教师，从而改变了英国教育体系的结构。德国采取的是无任期制的教授聘任制度，其中对于教授的聘用，有一套严格的标准：首先，教授必须具备良好的学术成就或艺术才华；其次，他们在从事职业的5年内，必须能够将学术思想和方法应用到实践中，并取得显著的成就。除了参加教授资格考试，获得博士学位的教师还需要通过严格的评估，以确保获得教授资格，并获得讲师职位。此外，教授的聘任必须在高校内部进行

公开招聘，而非由高校内部任命的讲师。日本“终身雇佣”和“年功序列”的实施已经引起了政界、财经界和新闻界的强烈反对，他们认为这种终身制度只是为了保护那些没有能力的教授，而不是为了让他们过上安逸的生活。日本正在采取措施打破教授的终身制，以保障教师的权利，并鼓励他们参与高校教育和科学研究。这样做不仅有利于提高教师的专业水平，也有助于提升高等教育质量。

在国外高校教师聘任过程中，我们可以从审议机构的中介作用、完善的法律和规章、公开招聘制度以及重视教师校外经历等四个方面得到借鉴。

因此，我们建议在高校聘任制中采取以下措施。

一是科学设置岗位，下放岗位聘任权限。为了更好地实现教学目标，高校应该科学地设置岗位，并将聘任权限下放到各个教学单位。这包括两个方面：首先，根据高校的岗位总数和教学任务的情况，科学地确定各单位的编制；其次，将岗位分为关键岗位和一般岗位，关键岗位由学校聘任，而一般岗位则根据高校的编制情况，结合学科发展等因素，合理地分配到各个单位，由单位自行聘任。

二是合理设置任期。聘任制的成败取决于任期的合理设置。如果任期过长，将会削弱低职称者的动力，也无法激励高职称者；如果任期过短，则会增加教师的心理负担，同时也会导致功利性的研究活动增加，这与科学发展规律背道而驰，不利于教师独立从事科研和长期基础性研究。高校应该实行一种非升即走的制度，即在聘任期满后，如果教师的教学效果、科研能力和学术水平未能通过专门委员会的考核，就必须离开高校。这将有助于年轻教师不断提高专业水平和培养敬业精神，并且有利于人才流动和学术交流。为了更好地推动高校发展，应该在特定的群体内实施终身教授制，以表彰那些在学科建设和教师梯队建设中发挥重要作用，在国内外享有极高声誉的大师级学者，让他们能够安心从事研究工作，尤其是一些长期、艰巨的基础性研究，这将有助于优化教师队伍，促进学术发展。应当强调的是，终身教授制的实施必须遵循宁缺毋滥的原则，即不能超出规定的人数范围，最终授予权应由校学术委员会掌握，以确保权力不被滥用。

三是完善聘任程序。为了更好地实施聘任制度，高校应该制定一套规范的聘任程序，并且充分听取教师的意见，让他们积极参与到制定过程中来。在聘任过程中，应当坚持公开、公正、公平的原则，严格禁止任何形式的操作。在我国，为了确保高校关键岗位的聘任公正、合理，必要时应聘请国内其他高校的同行专家对申请人进行鉴定；聘任工作应当向全社会公开，考核过程和结果也应当公开透明。此外，还应建立教师申诉制度，如果教师对聘任结果有异议，可以到指定的申诉部门提出申诉，申诉部门将及时受理教师的异议投诉，并在规定的时间内给予答复。

四是要与政府职能部门一起做好未聘教师的生活保障工作。特别是在实施聘用制改革初期，高校应该在能力范围内为教师提供就业机会，以确保教师队伍的稳定。在实施聘任制的过程中，教师身份的转变是一个关键性的挑战，只有使高校与教师之间建立真正的合作关系，聘任制才能够真正落实到位。

4．完善教师绩效考核评价体系，建立科学的教师工作量核算模型

（1）完善教师绩效考核评价体系

一是对教师进行绩效考核。为了保证教学质量，高校应该重视教学与科研的结合，应该公正地评估教师的工作表现，避免偏袒某一方。然而，在大学的日常管理中，存在重科研、轻教学的情况，这可能会导致教师缺乏教学热情，将大部分精力投入科研，而忽略了教学方法的研究。

二是考核过程要公开、公正、公平。在考核过程中，公开原则要求考核者应当公开透明，不得搞暗箱操作，也不能人为干预。公正原则要求考核者在考核过程中要实事求是，不能以偏概全，考核者应当在教师中享有较高的威信，拥有较高的学术地位，教学效果也应该得到公认。公平原则要求考核者综合考核教师，不能根据某一原因就全盘否定教师的所有努力，以保证考核结果的公正性和客观性。教师有权利和机会向政府申诉。

三是为了更好地反馈和利用考核结果，高校应该及时向教师提供反馈。没有反馈的考核是毫无意义的。

四是考核应该采用量化指标，但也不能过于绝对。量化指标可以更加准确地评估教师的教学和科研工作，它不仅可以避免个人主观因素的影响，而且可以通过调整权重等方法使评价更加科学。然而，在设计量化指标时，应该充分考虑质量因素，而不能仅仅局限于授课学时、发表论文数量等，否则就会导致教师只关注数量而忽略质量的提升。

（2）工作量定额

一般来说，高校教师工作量包括教学工作量和科研工作量两部分。美国大学

教授协会在 1969 年发布了《关于教师工作量的声明》，声明中指出：大学教师最大限度的教学量为每周 12 小时，每学年中备课不得超过 6 门独立的课程；声明又指出，最大限度的课程量并不一定是首选的教师工作模式，要达到有效的教学和学术水平，本科生层次的教学每周为 9 小时，研究生层次的教学每周为 6 小时。20 世纪 80 年代，美国的高等教育遭受了强烈的反对，人们普遍认为教师没有投入足够的精力去完成他们的教学任务。美国的高等教育机构包括私立、独立和公立院校，而这些机构在教学、科研和服务等领域的工作时间安排也存在明显的不同。

重新审视国内部分高校的工作量定额，可以发现，由于科研与教学之间的差异，它们的认定方式也大相径庭。根据《高等学校教师工作量试行办法》，教师的科研、指导学生以及发表论文等工作量的总和应占其总工作量的 1/3，而教学工作量则应占其 1/2。

（3）工作量核算

两种常见的工作量核算方法：一种是将教学和科研任务分开计算；另一种是将它们分别量化，并给予相应的评分，最后根据评分结果对教师的工作量进行排序。第一种统计方法可以帮助管理者更好地了解教师的工作总量，第二种方法却存在诸多缺陷：它无法准确反映教师的实际贡献，而且由于教学和科研是两个完全不同的概念，因此它们之间的差异也很大。此外，它们的适用范围非常有限，仅能在同一类课程或专业内进行比较排序。大多数高校都倾向于将教学和科研任务分开计算，笔者也认可这一做法。

一是教学工作量的核算。教学工作量的核算应当综合考虑多种因素，从而更准确地反映出一门课程的质量。比如，多数教师在讲课时认真负责，备课充足，采用的教学方法也受到学生的一致好评，但是个别教师的表现可能会相对较差。因此，在计算教学工作量时，应当将其教学效果也纳入考量。

二是科研工作量的核算。科研工作量的核算是教师实现高质量教学的重要手段，它不仅能够帮助教师跟上学科发展的步伐，还能够改变教学内容和方法，因此高校教师应该积极参与科研，以获得更多的知识和经验。于科研成果的学术性价值难以评估，核算工作变得极其困难。因此，当计算科研工作量时，必须根据教师的科研成果类型和等级来确定。科研工作量主要包括发表论文、承担课题、出版学术专著等。为了更好地支持那些长期从事基础性研究的教师，高校可以采取一些特殊政策，如果学术委员会认定这些教师的科研活动具有较高的学术价值，则可以在他们的成果发表之前，分阶段计算他们的科研工作量，而当他们的成果发表后，再根据实际情况进行核算。

（4）加强师资队伍建设，实施有效的激励机制

为了满足高校和学科的发展需求，高校应该有针对性地培养教师，并建立有效的激励机制来发挥教师在工作中的主动性和创造性。这是现代人力资源管理模式的重要特征之一。

为了打造一支优秀的师资队伍，高校应该制定有效的规划，引进人才，并对教师进行培养。高校应该特别注意以下几点。

第一，必须具备远见卓识。因此，高校需要制订一个全面的、针对性强的培养计划，使管理者能够根据当前的师资队伍情况，包括年龄结构、学历结构、学缘结构和学科间的数量比例，来制定出一套完善的教师队伍建设规划。学院应该根据自身的师资队伍、教师的能力、发展潜力以及学科的需求，制订完善的师资培养计划，以满足不断变化的教育环境。为了满足学科建设的需求，不仅要关注教师的专业能力和个人成长，而且要重视培养优秀的中坚力量和青年教师，以便形成一支由老、中、青三代组成的高素质的教师团队。

第二，要做好人才引进工作。在高校的师资队伍建设中，引进优秀人才对于提升教师队伍的整体水平、完善知识结构、活跃科研氛围都至关重要。此外，人才引进政策的实施效果显著，能够有效推动学科建设，因此成为管理者首选的建设措施。尽管人才引进政策可能会带来一定的成效，但也存在明显的弊端：给予引进者较高的待遇，使得本校的优秀人才感到心理压力，从而削弱了他们的工作热情，最终导致人才流失；尽管为高校提供了招聘机会，但它也导致了大量的人才外流，从而使得高校的办学成本大幅提升；由于招聘过程中缺乏稳定的人才，无法为高校的学术发展提供有效的支持。因此，在制定引进人才的政策时，应该遵循公平原则，合理安排引进人才的待遇，使这些人才能够为学科发展作出贡献，并获得应得的回报。

根据斯金纳（Skinner）的强化理论，建立科学的激励机制是至关重要的。当一个行为发生后，如果它能够产生令人满意的结果，那么它就有可能重复出现；

反之，如果行为发生后产生了令人不满的结果，那么它就不太可能再次出现。他强烈反对使用负强化，因为这会带来不愉快的影响，而且当行为不受强化时，便会逐渐消失。根据赫茨伯格（Herzberg）的双因素理论，如果不采取措施改善保健因素，员工就会感到不满，即使改善了也只是消除了不满，无法让员工产生满意感；如果不采取有效措施改善激励因素，员工可能会感到不满，但是一旦采取措施，他们就会感到满意。人力资源管理学提出，从“以物为本”的价值观转向“以人为本”的价值观，使得有效激励成为管理工作的核心。高校教师是高校发展的核心力量，他们肩负着实现高校发展目标的重任，因此高校管理者必须更加重视和尊重他们的工作。如何激发高校教师的内在活力，让他们成为实现目标的主导力量，并在工作中贯彻落实，提升教师的教学能力、科研水平、创新精神和为人师表的责任感，是高校教师管理的重要任务。科学的激励机制应该根据受众的个性特点来定制，以满足不同的需求。尤其是针对大学教师，应当遵循以下原则。

第一，为了激发教师的积极性，建议采取综合性的方法，既要给予实际的奖励，也要给予心理上的支持。

第二，激励过程应当重视公平性原则。根据亚当斯（Adams）的公平理论，不公平会导致人们感到焦虑和不安，并对他们的行为产生重大影响。当个人感到不公平时，他们会产生不满和消极情绪。因此，在某种程度上，人们更加关注奖励的相对值而非绝对值。

第三，激励应该注重时效性。奖励的时效性对于激励效果有很大的影响，因此应该在行为发生后立即给予奖励，以便正面强化，从而达到最佳的激励效果。奖励频率的选择是非常重要的。过多的奖励会使教师形成一种习惯，无法调动他们的积极性；而过少的奖励则会降低他们的期望值，打消他们的积极性。一般来说，对于长期性的任务，如完成困难的任务或者工作满意度较高的岗位，应该适当降低奖励频率，但要让他们感到劳动有所回报。相反，对于容易完成的任务和艰苦的工作岗位，应该经常进行奖励。

第四，激励要适度。“中庸之道”是我国几千年文化的精华，它要求我们在做事时要把握好度，而不是简单地折中，这是中国传统文化中的重要思想。激励的强度应该与高校的承受能力和劳动的价值相适应，以便让教师更有动力去工作。

过多的激励可能会让人产生不劳而获的心理预期，从而削弱工作的积极性；而过少的激励则会使人无动于衷，也无法激发积极性。

应从以下几种途径对教师进行激励。

第一，在薪酬制度设计上，应该突出工作量对薪金总额的重要性。过于平均的薪酬制度可能会导致教师缺乏积极性。因此，应该在现有职级的基础上，采取分层薪酬的方式，以激励教师不断提升自身能力，从而使他们在达到一定目标后仍有更大的潜力可以挖掘。如果教师能够完成一定的教学任务、取得良好的教学效果和进行科研工作，就可以获得比未达到标准的教师更高的薪水。这种设定的标准可以作为一种指导。

第二，通过制定具体的、具有挑战性的目标，可以激发教师的心理预期，从而达到最佳的教学效果。研究表明，如果目标过低，就会抑制教师的积极性；而如果目标过高，则会使教师感到失望，从而影响教学效果。在制定目标时，教师应该牢记三个基本原则：一是目标必须具备挑战性，并且具有一定的难度。二是目标必须易于实现，即通过教师的努力就能够达成。三是目标必须具备明确的量化指标，并且必须用数字和质量来衡量，方便教师对它们进行评估。为了更好地实现高校的发展目标，教师应该积极参与制定目标，并且要求所有教师，尤其是绝大多数教师，都能够参与其中。为了提高教学质量，提升科研水平，改善教师结构，高校应该在考核、酬金发放、职称评聘以及对教师的培养等方面，恰当地提出对科研水平、教学质量以及知识结构、个人能力等方面的目标，以促进教师的发展，提升高校的整体水平，实现高校的发展目标。

第三，公平对待教师的劳动。这里所说的公平不是指一刀切，而是指按照劳动者的劳动成果来分配。我们在日常生活中，总是会有比较的心理，教师也不例外。教师在激励措施上往往重视横向比较，他们会仔细观察其他人在付出相同的努力后获得的激励是否与自己的激励一致，而不仅仅是单纯地衡量激励的数量，这种比较更能够体现出教师的激励意识。因此，不公平的激励可能会产生不利的影响。

第四，言必信，行必果。这包括两个方面：一是在制定激励措施时，应该充分考虑高校的承受能力，避免作出超出高校承担能力的承诺；二是在作出承诺后，应该立即兑现，即使当初的承诺已经对高校的发展没有意义，但在高校没有明确停止激励之前，也应该立即兑现，以免让教师担心付出的努力无法得到回报。

第五，教师参与决策是一种有效的激励机制，它不仅能够推动高校管理理论的发展，而且能够增进决策者与教师之间的沟通，建立一种相互信任的氛围，从而提升教师的满足感和归属感。教师参与高校政策的制定是高校发展的重要组成部分，它不仅能够为高校提供有效的决策支持，而且是一种有效的激励机制。现代管理心理学认为，通过民主讨论和协商，可以更好地激发教师的积极性，从而更有效地实现高校的发展目标。教师参与决策的方式多种多样，包括召开教师代表大会、定期征求教师意见、定期进行沟通交流，以及成立由教师为首的委员会来管理各项事务。通过让教师参与决策，可以充分利用高校教师群体的智慧资源，使决策更加科学合理，同时也能够让他们感受到自己的利益与高校的利益息息相关，激发他们的积极性，从而更好地利用教师资源。

5. 构造和谐氛围，形成独特的校园文化

校园文化是一种独特的社会文化，它源于高校的环境和时代背景，具有鲜明的校园特色和人文氛围。校园精神是校园文化的核心，它体现了师生员工的价值观和人生观，是共同的理想、信念和追求，也是共同的行为准则和标准模式的综合体现。校园文化对教师的影响是不可忽视的，它不仅可以通过观察、体验和实践来感受，还可以通过管理者的行动来实现，这是现代人力资源管理理论与传统人事管理制度之间的主要区别之一，它不仅能够保障高校发展目标的实现，还能够激发学生的积极性，促进高校的发展。主要表现在：首先，校园文化具有多种功能，它既能够有效地指导和塑造高校内部成员的行为，又能够将不同个性、思维方式、价值观的教师联系在一起，增强团队凝聚力；其次，它能够让教师自觉地与其他高校区分开来，从而激发他们对高校的认同感和归属感；最后，校园文化鼓励教师以自身利益为重点，积极参与高校的发展，共同努力实现高校的宏伟目标，让教师和高校共同分享成功和荣耀。

校园文化的发展并非一蹴而就的，而是在漫长的历史进程中，经过教师的不懈努力和外部环境的影响，慢慢形成的一种独特的社会文化现象。我们不能忽视校园文化的重要性，教师应该积极参与其中，为校园文化的发展作出贡献。

校园文化建设的核心任务之一是传承高校悠久的历史，从中可以汲取到高校发展的精华，从而更好地指导教师的教育行为，激发教师的自豪感和归属感。校园文化建设应当以科学精神为核心，它是学者在长期探索和实践中形成的价值观和行为准则，具有深远的思想意义和强大的文化教育功能。科学精神是一种活力，它不仅是创新的动力，还是一种智慧的结晶。在高校中弘扬科学精神，不仅有助于教师树立正确的世界观、人生观和价值观，更能够帮助他们掌握科学的学习方法和研究方法，从而更好地开展科学研究，提升教学质量和学术水平。

为了促进校园文化的健康发展，高校应该努力让教师拥有更大的学习自由，并鼓励他们参与到高校的建设当中来。在让教师能够更好地参与到高校的决策过程中，并且尊重他们的意见。如果所有的教师都积极参与高校的建设，并从不同的视角来审视和评估高校的政策，那么将可以避免走弯路，从而更有效率、更有效果地达成高校的发展目标。

为了营造良好的校园文化氛围，高校应该努力建立和谐的人际关系，营造一个温馨的环境，让教师能够全身心地投入科研和教学中，从而获得尊重、关心和爱护，让他们感受到自身存在的价值。优质的校园文化环境有助于促进教师心理健康，并确保教师团队之间的和谐与合作。主要措施包括：首先，要改善领导作风，建立良好的干群关系。领导者和管理者应该以平易近人的态度与教师沟通，在工作中保持一致性。其次，应尊重教师在学术上的不同意见，尽可能为教师创造一个良好的工作环境，关心他们的生活困难，解除他们的后顾之忧。此外，高校还应该加强对那些具有高尚师德、出色学术成就和优秀教学质量的教师的宣传，以此来形成一种重视品德、重视知识、重视人才的良好氛围，使人力资源管理者与教师之间能够建立一种互惠互利、共同发展的关系。

为了实现高校的发展目标，必须把良好的校园文化作为关键因素，并结合高校的实际情况，制定合理的规划，优化人才配置，以充分发挥高校人力资源的潜力。

6. 确保高校教育经费的投入

《中华人民共和国高等教育法》规定：“高等教育实行以举办者投入为主、受教育者合理分担培养成本、高等学校多种渠道筹措经费的机制。务院和省、自治区、直辖市人民政府依照教育法第五十六条的规定，保证国家举办的高等教育经费逐步增长”。国家鼓励企业事业组织、社会团体及其他社会组织和个人向高等教育投入。”从目前的情况来看，我国有必要大力拓宽融资渠道，比如发行教育公债，专款用于教育事业，特别是用于高校基本建设项目，使教育成本支出在若干年内分摊，缓解高校大规模扩招、财政投入严重不足的问题。此外，还应该从税收、金融、物价等政策的角度给予高等教育更大的支持，相应地增加非财政性投资。高校要讲效率，大力推进分配制度改革，推行“以岗定薪，优劳优酬”的薪酬制度。

二、高校学生管理

21世纪是知识和信息的时代，我们面临的经济和政治环境已经发生了深刻的变化，对于在校的大学生，他们是国家未来的栋梁，他们的素质如何，将直接关系到我国社会主义事业是否会后继有人，关系到中华民族的伟大复兴。高校是培养和造就适应新世纪社会发展的合格人才的基地，其培养的是具有创新精神和实践能力的高级人才，科学、规范、创新的学生管理工作是实现这一目标的重要保证。学生管理工作是高校工作的主要组成部分，它体现着一所高校的校风、校貌，是衡量一所高校管理水平的主要标志。在高校扩招、高校后勤社会化改革、并轨后的“双选”就业政策等新形势下，高校学生管理工作出现了许多新情况、新问题，如何使学生管理工作科学化、制度化、法治化，培养出大批合格的人才是当前高校管理研究的一个重要课题，也是公共管理学研究的重要内容。

近年来，由于我国社会结构调整、高等教育改革不断推进，大学生的学习与生活环境发生了巨大变化。因此，学生管理工作已经成为高校教育教学中的重要组成部分，并且面临着前所未有的挑战。

随着社会主义市场经济体制的不断完善，当代大学生的成长环境和内在因素发生了巨大变化，这给学生管理工作带来了新的挑战。管理体制改革相对落后、管理方法陈旧、管理制度不健全、高校后勤社会化、就业形势严峻等，都给学生管理工作带来了极大的困难，而互联网的负面效应也给学生管理工作带来了更多的挑战。为了提升高校学生管理水平，应该从根本上改变传统的管理模式，以“以人为本”的理念为指导，强调学生的主体性，尊重他们的个性发展，并将教育与管理有机结合，以提升学生的自我管理能力。基于这一基础，高校应该积极探索新的管理模式，完善学生管理体系，将“小而全”的多中心管理改为“精而专”的集中管理，并将间接管理改为直接管理；通过完善学生管理制度，加强对学生的监督和管理；采取更先进的技术手段，如网络监控、社团监控、公寓监控等，扩大学生管理的覆盖面，并利用现代化的教育管理方式，使学生管理更加科学、有序、规范。

（一）当代大学生的特点

学生管理工作在高校教育中扮演着越来越重要的角色，并且面临着许多新的挑战。由于大学生的独特性质，他们的管理需求也更加复杂。

1. 思想认识多元化

作为学生管理的主要参与者，大学生一般具有以下特征：一是思想具有社会性。大学生的思想状态、行为、观念、思维模式受到社会的影响。二是认知具有能动性。大学生在接受思想政治教育时，不仅会以自身的主观意愿为基础，还会积极地探索新的可能性，从而更好地实现自身的价值，这正是他们独特的自我认知状态的体现。三是身心的可变性。大学生是一群充满活力的群体，他们在身体和心理上都在不断成长。在当今这个快速变化的时代，他们有着极大的可塑性，并且追求自己的理想。经过大量的调查和分析，可以肯定的是，当代大学生的思想状况是良好的，他们对党和社会主义充满热情，拥有较高的思想素质和道德观念，有强烈的责任感和使命感，这些都体现在他们的行为准则、价值观念以及思想观念等方面。

根据调查结果，当前大学生的思想政治状况显示出积极、健康、向上的特征，爱国热情高涨，理想信念坚定。令人欣慰的是，他们能够理性地看待国家改革、发展所面临的机遇和挑战，并且对维护稳定的政治局势和实现经济可持续发展充满信心。

今天的大学生把个人的前途与国家的发展紧密联系在一起，他们不仅关注国家的大事，更关注发展中存在的问题，他们的分析判断能力也得到了提升，他们更加客观、冷静地思考问题。这是当代大学生思想成熟的体现，他们对领导集体持有信任态度，并且积极参与国家的发展。

调查结果显示，大学生的人生观和价值观正在发生变化。他们更加重视自我价值的实现，并希望能够将个人价值与社会贡献结合起来，以健康积极的态度看待人生，努力实现自我价值。

大学生拥有健康积极的人生态度，这一态度在他们的基本价值判断上得到了充分的体现。大学生拥有较强的社会责任意识，他们热衷于发挥自身的潜能，努力为国家及其未来发展作出贡献。当面临个人、集体、国家之间的利益冲突时，许多大学生都坚信"在重要时刻，要服从国家及其未来发展的需要"。大多数学生都非常支持参与社会公益活动，例如献血和志愿者服务。研究结果显示，虽然大学生的人生价值观普遍是积极向上的，他们强调奉献精神、社会责任感以及国家和集体的利益优先，但是在具体的价值选择上，他们更加关注个人发展和自我实现，使得他们的人生观和价值观呈现多元化的特点。

随着我国高等教育改革的不断深入，大学生作为改革的受益者，积极参与其中，他们不仅支持改革，而且重视素质提高，为改革的发展贡献力量。随着改革的深入推进，竞争日益激烈，就业压力也越来越大，这让大学生更加渴望成功、成才，并且更加重视自身素质的提升。

根据调查结果，大学生对高校的建设和发展非常重视，并且对高等教育改革表示认可。他们认为这些改革有助于提升自己的社会竞争力，并且大多数学生都支持全面推进素质教育和深化教学改革，同时也支持改革毕业生就业制度和鼓励大学生自主创业。大学生普遍表示，高校后勤社会化改革极大地改变了他们的社会服务意识和观念，使他们能够更加轻松地获得更好的学习和生活环境。研究表明，大学生在校园里已经意识到了社会竞争的激烈性，他们希望通过大学的学习来提升自己，获得就业优势，并在未来取得成功。与以往相比，大学校园里的学习氛围更加浓厚，学习风气也有所改善。研究结果表明，尽管大学生普遍支持高等教育改革的政策和措施，但他们对于可能影响到个人利益的改革举措抱有复杂的态度。大多数学生认为，"缴费上学"的政策应该更加完善，以帮助那些处境艰苦的大学生。这主要是由于近年来，大学的学费和生活费用都在不断增加，导致大学生面临着更大的经济压力，他们的承受能力也逐渐降低。

高等教育改革旨在培养具有创新精神、实践能力的高素质人才，以满足社会发展的需求，为大学生提供更多展现才华的机会，让他们在社会发展中获得更多的成就感。高等教育改革的目标与大学生的成才愿望息息相关，这也使得大学生成为高等教育改革的拥护者。高校应该对大学生进行静态观察，以便更好地了解他们的发展趋势，但也不能忽视动态分析中可能存在的一些问题。

一是自我意识突出，自主性较强。随着知识储量的不断增加，大学生不再满足于被动接受和盲目遵从社会价值，而是拥有更强的自我意识，他们不仅要求独立思考，还要求内化，不再依赖家庭、社会的赏罚来强化自我意识。大学生具有强烈的自我意识和自主性，他们会尽一切努力实现自己的价值，这一群体充满活力，勇于创新和冒险。然而，如果一些学生没有做好自主选择，他们所选择的方向和内容将无法满足社会的需求，甚至可能会违反社会的政治道德。因此，加强对大学生的管理，帮助他们树立正确的人生观和价值观，并引导他们将个人价值的实现与国家和社会的发展紧密结合起来，显得尤为重要。

二是逆反心理突出。大学生对现实的思考有着独特的见解，他们对于各种学术流派和思想有着浓厚的兴趣，尤其是对于那些与社会主流思想不一致的思潮，他们更是热衷于探索，但是这种热情往往缺乏科学分析和理性思考。因此，高校学生管理者既要鼓励大学生积极思考，关注时政，又要帮助他们辨别良莠，理性地看待问题，以提升他们的科学分析能力。

三是社会责任感呈现情绪化色彩。大学生的社会责任感往往带有情绪色彩，他们可能会因为缺乏社会实践的锻炼和社会经验而过于乐观，也可能会因为过于悲观而盲目冲动。在重大事件发生时，这种情绪往往会导致他们偏颇地看待问题，从而使事件的结果与他们的初衷背道而驰。为了更好地管理学生，高校应该密切关注他们的思想动态，引导他们健康成长。当代大学生在实际操作中更加务实，强烈反对形式主义，但在深层次思考时常常感到困惑。他们具有较强的成才意识、参与意识和个体意识，但在服务意识、协调意识和集体意识方面相对较弱。高校应该培养大学生的批判性思维和建设性思维，还应该注意社会上不良的风气，如享乐主义、情感泛滥主义和庸俗实用主义，它们破坏了最基本的道德底线，影响了大学生的成长，增加了高校学生管理工作的难度。

2. 生活学习方式多样化

当学生从高中转入大学时，他们的人生将迎来一个全新的开端。无论是在学业上还是生活上，他们都将面临前所未有的机遇和挑战。

（1）生活方式多样化

生活方式是指人们在日常生活中的各种活动和行为习惯。根据调查，在大学里，每个学生都有自己独特的生活方式。有些学生喜欢学习，有些学生则经常旷课上网，还有些学生会利用业余时间做兼职。此外，有些学生喜欢运动，有些学生喜欢和同学一起旅游。总之，大学生活方式多样化，每个人都有自己独特的生活方式。

（2）学习方式多样化

进入大学后，学习方式多种多样，知识的海洋无边无际，活动的多样性也让每个学生都有机会发挥自己的潜能。然而，如何在课本知识和课外知识、专业学习和能力培养之间取得平衡，这是许多大学生面临的一个棘手问题。除了传统的听课方式，大学生还可以通过自学、学术交流、多媒体教学和社会实践等多种途径来提高自己的能力。

随着时代的发展，大学生可以通过多种途径获取知识，包括自主选择专业、自主学习课程、设定目标、自我发展等。此外，随着高校住宿公寓化和后勤服务社会化的不断完善，大学生的社交网络也在不断扩大，使得以班集体为主体的学生组织形式逐渐减弱。而由于住宿、生活、学习等，大学生之间的联系也越来越紧密，从而促进了大学生综合素质的提升。这些都是大学生学习方式和组织形式多样性的显著体现。

随着科技的发展，大学生越来越多地使用互联网来获取知识和信息，然而，这种方式也带来了许多负面影响。虽然有些大学生会利用互联网来寻找学习资源，但另外一些大学生会沉迷于非学术性的互联网活动中，从而影响自身的发展。目前，网络管理已经取得了长足的进步，但仍然存在一些漏洞。由于网络内容多种多样，一些不良信息也渗透到了高校，对大学生的学习和生活造成了极其恶劣的影响。

3. 性格特征复杂化

大学生的性格特征变得越来越复杂，其中几种现象尤为突出。

（1）务实与实惠的调和

大学生应该在务实与实惠之间取得平衡，以冷静理智的态度看待社会现实，同时也要关注自身的发展机会，职位的高低和工资收入，这些都是大学生择业的重要考量因素。

（2）渴望与满足的不协调性

大学生渴望获得新知识，接受新观念，并且对知识的选择更加自主，但他们往往只满足于当前的热门话题和自己的喜好，而忽略了自身的业务知识、能力水平和综合素质，缺乏更高、更全面、更长远的目标和要求。

（3）心理及个性化发展的不协调性

大学生往往拥有较强的自我意识、竞争意识和自强精神，追求个性化发展，但是由于心理及个性化发展的不协调性，他们的集体主义观念、团队协作精神较弱，自控能力和心理素质有待提高。部分大学生对学校和社会抱有较高的期望，却缺乏对社会竞争激烈的认知；自我意识强烈，重视自我价值，却缺乏对现实自我价值的认知。

（二）高校学生管理面临的问题

高校的培养目标是培养具备创新思维、实践技能的高素质人才，而科学、规范的学生管理则是实现这一目标的关键保障。学生管理工作不仅是高校教育的重要组成部分，更是落实党的教育方针、满足国家经济发展需求的“四有”大学生培养的重要基础。当今，全球化的趋势越来越明显，各种思想、文化、观念和信息交织在一起，彼此影响、相互激荡。随着我国改革开放的不断深入和市场经济的迅猛发展，出现了一些新情况、新问题需要高校及时应对这些变化。随着我国高等教育事业的飞速发展，高等教育体制改革也在不断深入推进，高校学生管理工作者应当努力培养出具有开拓创新精神、内在品质优良的合格人才，以满足社会对高素质人才的需求。

1. 管理体制相对滞后

为了更好地管理学生，高校需要组建一个专业和协调的团队。在校长领导下，党总支副书记负责领导学生工作，并吸纳党总支办公室主任和团总支书记参与其中。还应成立一个学生工作领导小组，负责指导和协调全校的学生工作。此外，各班级也应该配备班主任或辅导员，加强日常的思想教育和管理工作。高校应建立一个协同管理的学生工作网络和运行机制，使得校级和系级职责明确，各部门相互配合。

随着市场经济的不断发展和完善，学生管理的内容也在不断增加，对高校学生管理产生了深远的影响。例如：学生管理职能从传统的管理职能转变为服务职能；大学生就业从计划分配转变为双向选择和自主择业；固定学制向弹性学制转变；经济困难学生的资助从原来的发放助学金和困难补助转变为助学贷款和勤工助学等。这些变化都给高校学生管理带来了新的机遇和挑战。为了应对这一系列变化，高校需要一个完善的学生管理系统，但目前这个系统尚未完全建立起来。

2. 管理方法陈旧

尽管高校的学生管理仍然受到传统的金字塔管理模式的限制，但院系学生会、团总支、班委会和宿管中心等机构也在不断地探索新的方法，通过更加灵活的方式来更有效地控制和指导学生的日常行为，并积极参与一些娱乐性的活动，从而促进学生的健康成长。事实上，他们大多数时候采取的是外部控制，而非积极地利用科学的方法和经验来引领和帮助学生发展，也无法激发学生的潜力。他们仅仅向学生传授“不允许做什么”，而没有提供“怎样做才能更快更好更有效地成为人才”，从而让学生产生抵触情绪。

当前的管理模式未能充分考虑到大学生的自我发展和自我管理能力的培养，导致少数学生干部得不到足够的机会去提升组织管理能力，而大多数学生则只能获得一些基本的组织实施技能，如监督、控制等。当前，高校学生管理工作应该把培养人放在首位，而不是仅仅为了管理。大学生应该主动参与自我管理，并且要充分发挥自身的潜能，以达到既培养他们的综合素质，又减轻工作人员负担的目的。由于缺乏自我教育和自我管理能力的培养，许多学生缺乏自我教育观念，自我管理能力和自我服务意识薄弱；思想具有很大的可塑性，容易受外界影响；情绪易受外界影响，容易冲动；在学习和生活中，过分依赖他人，缺乏独立思考和自我管理能力，从而影响自身的学习和生活质量。大学生没有自主意识和能力，就无法适应新的环境和需求。

3. 管理制度不健全

随着我国教育改革和发展的不断深入，高校作为最基本的教育主体，肩负着推动教育发展和创新的重任，如何实现高校学生工作管理模式的科学化、规范化、法治化，已经成为当务之急，需要我们共同努力、共同推进。随着社会的发展，我国教育领域颁布了一系列法律法规，如《高等学校学生行为准则》《普通高等学校学生管理规定》等。高校通常会根据两部规章来制定有关学生管理的规定。

随着依法治国的不断深入，学生权利意识和法律意识的提升，对传统的学生管理理念、制度和方法构成了挑战，迫使高校不得不采取更加积极的措施，以实现民主法治化的学生管理。

（三）加强和改进高校学生管理工作的对策

1. 树立科学的管理理念

随着高等教育改革的不断深入，学生管理者应该把学生的需求放在首位，以学生的发展为中心，积极推动管理观念的转变，以达到创新的目的。因此，学生管理者应该采取多种措施，包括：严格要求学生，根据学生的特点，充分发挥他们的个性；宏观指导，对学生进行个别引导和教育；制定统一的制度和培养标准，宽、严结合，以期达到最佳的管理效果。通过采用动态的管理方式，可以大大提升管理的有效性和科学性，使得管理水平达到一个新的高度，从而更有效地实现“四有”规定的培养目标。

树立“以人为本”的管理理念是实现高校学生管理的基础，在现代高校管理中发挥着重要作用。因此，应该从教育管理的角度出发，深入研究“以人为本”理念在学生管理中的实际应用，尊重学生的主体性、能动性和多样性，以此来推动学生管理工作的开展，实现从传统向现代的转变。

“人的主体性”原理强调，人的主体性是一种具有质的规定性的活动，它体现了人类在认识和改造外部世界、自身发展以及创造历史的过程中的能动性、创造性和自主性。在学生管理工作中，大学生既是管理的重要参与者，也是管理的核心力量。从决策制定到实施，从实现目标到完成任务，大学生都是管理工作的重要组成部分，没有他们，管理工作就无从谈起。除了受到管理者的指导和引导外，大学生也可以成为管理的对象，因此“以大学生为中心”的思想必须得到充分的落实，以便更好地满足大学生的需求，并且充分考虑大学生的个性差异，让他们有机会发挥自己的潜力，以主体的姿态积极参与管理活动，实现双赢的局面。

人类拥有丰富的思想感情，其认知过程是一个复杂的系统，理性思维必须建立在人的主观特性，如情感、欲望等之上，它必须以人的基本要求为基础，以积极的情感和意欲为动力，正如“理乃情之所系”所言。列宁说过：“没有人的情感，就从来没有也不可能有人对真理的追求。”①如果人们的非理性本能和情感被压抑，那么就不可能有真正的理性之光。心理学研究表明，在信任的基础上进行交流，受教育者就会更容易接受教育者的思想信息和目标要求，从而产生积极的

① 列宁．列宁全集[M]．中共中央马克思恩格斯列宁斯大林著作编局，译．北京：人民出版社，1958．

行为效果。高校学生管理工作主要由学生和教师共同完成，如果没有充分利用“人性”的原则，并且重视师生之间的情感交流，那么很难激发学生的积极性和主动性。因此，高校需要通过情感因素来提升管理的效率。“以情感人”强调了情感管理的重要性，它要求教师和学生之间进行良好的双向沟通，尊重彼此的个性特点。管理者应该在遵守规章制度的同时，真诚地为学生服务，关注他们的需求，想他们的想法，并对他们进行情感投入。同时，要注意观察学生的情绪反应，通过情感沟通了解学生的实际情况和存在的问题，并给予指导和教育，以达到有效管理的目的。

人的个性是一种客观存在的特征，它不仅体现在历史上，也反映在当下。每个学生都有自己独特的个性，表现出多样性和丰富性的特点。因此，高校应该尊重这些多样性，并努力让它们得到充分的发挥。由于学习动机、兴趣、价值观等因素的影响，以及原有的知识经验、情感意志等因素的制约，学生在接受教育管理时，其思想行为会表现出明显的个性特征，对同一问题可能会有不同的看法和态度。在学生管理工作中，管理者应准确把握不同学生的共性和个性差异，根据他们的思想实际，制订适合他们的计划，提出合理的要求，并采取有效的方法，解决他们的思想矛盾和问题。由于大学生的家庭背景、社会经历、个性特征、气质、能力和兴趣爱好各不相同，他们的思想活动也存在多样性和复杂性。因此，在教育管理过程中，必须尊重学生的个性发展，根据学生的不同特点，采取有针对性的教育方式，以便更好地满足学生的需求。学生管理工作应以学生为中心，并着重于以下几点。

第一，高校应该以学生为中心，坚持以学生为本，以学生的发展为目标，努力提升学生的素质，为学生提供更好的服务。学生和教师不是对立的，而是相互依存的关系。教育和被教育是相辅相成的，这一理念要求教师和学生要经常进行沟通和交流，以促进双方的发展。教师在教育学生的过程中，能够不断地提升自己的能力，学生也在潜移默化地受到教师的影响。

第二，学生管理的核心在于服务，以人为本不是一句空洞的口号，而是要贯彻到每一项工作中去。服务是一种互动的过程，它需要管理者以良好的态度去对待每一个学生，如果没有了服务对象，学生管理工作就失去了意义。

第三，学生自我管理是一种重要的管理方式，它旨在帮助学生在高校的指导下，通过运用现代科学的管理方法，调节和控制自己的思想和行为，从而提高自我认知能力、培养自尊心、养成良好的行为习惯和激发自我奋斗精神。高校学生管理旨在激发学生的积极性、主动性和创造性，以培养出具有创新精神、实践能力和团队合作精神的优秀大学生，从而实现学生的全面发展和成长。为了更好地适应新的形势和情况，学生管理工作应该从依赖高校的管理转变为让学生自主决策。这样，学生才能更好地理解高校的管理目标，并在管理过程中避免消极思想和对抗情绪，使管理成为学生自觉行为的一部分。从心理学角度来看，没有人希望被管理，但是学生应该有自我管理的能力。为了让更多的学生参与管理，应该鼓励他们发挥自己的聪明才智，在自主管理的过程中，不仅能够锻炼和培养自己，还能够对自己的行为进行有效的约束，从而使学生在具备健全人格和成为社会主义合格公民的基础上，展示出各种各样的才能。同时，高校也应该注重帮助学生明确自我管理的意义，指导他们如何运用自我管理方法，并提供机会让他们在管理中发挥自己的才能。

第四，激励是一种激发人们积极性的有效方式。这种方法是人本理论中最常用的手段，它能够有效地帮助人们实现自己的目标，从而达到最佳的工作效果。激励大学生的方法有很多种，其中最常用的是理想激励法，即通过激励大学生追求自己的理想，鼓励他们为实现人生价值而努力学习。这种方法可以增强大学生的自豪感和责任感。另外，还有一种方法是目标激励法，即通过引导大学生不断朝着制定的目标奋进，使他们感到学习有动力。激励包括两种：信息激励和精神激励。前者通过信息的交流和反馈，让大学生清楚地了解自己的学习进度，树立危机意识，培养他们的责任心，并促使他们更加努力地追求目标。后者则以激励为基础，通过表彰和授予荣誉称号等方式，激励他们继续前行。此外，还有物质激励法，即通过提供物质奖励，满足大学生的生活需求，激励他们保持积极的态度。通过采取有针对性的激励措施，以及恰当的时间和地点，可以大大提升学生的积极性和满意度，从而使管理工作取得更大的进步，从而达到良好的绩效。

2. 完善学生管理体制

学生管理是一项复杂的工作，涉及高校的各个部门，需要协调一致，形成合力，以应对新的挑战。为此，高校应加强学生工作机构的建设，强化其组织协调功能，明确各部门、各层次、各岗位的职责和权限，建立健全责任制，确保责任落实到位，责任分配到人，权利分配到位，以保证学生管理的有效性和准确性。重要的是要适当授权，让基层发挥作用。当前的高校管理体制以明确的职责分工和有效的组织机构为特征，既要对学生进行思想教育，又要对行政管理进行有效监督。因此，应当赋予系级管理者更多的权力，以确保责任的统一性。通过适当授权系统来发现问题并进行教育处理，可以提高管理工作的效率和质量。为了更好地推进校系一级学生工作体制的党政融洽、协调统一，高校应该实行年级辅导员制，以及与学分制相适应的管理模式，加强以系为单位的年级管理，实现班级管理和专业教学之间的融合，以提升整体效率。然而，强化班级管理仍然是必要的，因为在学分制的框架下，班级仍然是一个重要的学习单元，应该被纳入学生管理体系。

高校应当坚持社会主义政治方向，不仅要培养具有现代科学技术知识的新一代，更要培养具有社会主义精神的后继者，以此来实现中国梦。当前，我国高校学生管理采取的是党政合一、条块结合、纵横联合的管理模式，但这种模式存在许多不足，如管理观念陈旧、管理幅度过大、效率低下、效果不佳、管理模式单一等。只有变分散管理为集中管理，变多中心"小而全"为集中的"精而专"，变间接管理为直接管理的体制，才能更好地为贯彻实施思想教育计划提供可靠的组织保证。那么，这样的管理体制是什么？笔者提出一个大胆的设想——成立学生教育管理部。

学生工作处负责整合各个部门的学生事务，其中包括日常管理、学生资助、招生就业、团委、思想政治、心理咨询等。日常管理中心负责维护学生的学籍、档案、日常纪律，并给予必要的惩罚；学生资助管理中心负责提供勤工助学岗位、帮助贫困学生、提供助学贷款等；招生就业中心负责接纳新入学的学生，并协调他们毕业后的就业安排；团委负责组织、指导学生参加各种课外活动，如校园文化活动、第二课堂等；思想政治管理中心负责提高学生的思想道德修养，以及宣传形势政策；心理咨询中心则提供有关学生心理健康的专业服务。所有的管理部门都会与辅导员进行沟通，并由他们来指导下属的工作。

通过重新组织和整合现有的学生管理机构，将学生工作从各个基层单位中分离出来，建立一个专门负责学生工作的新机构，由党委副书记或副校长领导，设立多个中心和办公室，以更好地服务学生。学生教育管理部由高校党委和校长直接领导，采取直线职能制，以确保学生管理的有效性和专业化水平。这样，学生管理队伍的分工更加明确，职责范围也更加清晰，从而提高学生管理的水平和质量。它不仅可以让高校更加直接地参与到学生的工作中，而且可以建立一支专业的团队，取代以往由各系负责、高校间接领导的模式，消除了系一级对学生管理的中间环节，克服了多头领导的弊端，从而提升学生管理的效率。

通过实施集中管理，可以将学生管理工作从各个基层单位分离出来，建立一个专门的学生工作体系。这样，不仅可以促进学生教育管理工作的科学化和专业化，而且可以解决政府部门之间的矛盾。此外，由于工作目标的一致性，也可以保证学生的权益得到充分保障，为他们提供良好的服务。稳定的工作性质和专注的态度为学生管理提供了坚实的基础，而且在这种体制下，系领导可以更加有效地推进教学改革，提升教学质量和科研水平，同时也完善了学生服务体系。21 世纪，学生教育管理工作发生了巨大的变化，涵盖的领域更加广泛，学生教育管理部已经实现了从招生到就业的全方位服务，包括勤工助学、国家助学贷款、奖惩、心理咨询等，为学生的健康成长和顺利完成学业提供了有力的支持。通过建立学生教育管理部，不仅可以实现对学生的统一管理，而且可以将全体学生管理干部纳入统一管理，从而大大提升工作效率。此外，人员所属性质的一致性，为有计划、有目的地培养和提升学生管理干部的素质提供了良好的基础。

3. 健全学生管理制度

学生是高校发展的基石，学生管理工作的成效对于高校的稳定性和发展至关重要。随着高等教育改革的不断深入，大学生之间的利益关系变得更加复杂，因此学生管理工作必须运用法律和规章制度来调节和规范各方之间的关系。依据法律规定，高校应当建立完善的学生管理制度，以确保学生的权利得到有效的保障。这不仅是高等教育的重要任务，也是学生管理工作的指导思想。

首先，高校必须依法制定全面的规章制度，并对现有的规章和条例进行修订和完善。无论是修订现有的规章制度，还是重新制定规章制度，都应该与国家的法律法规和方针政策保持一致，以确保管理的规范性和有效性。应当重视保护学生的合法权益，以充分体现法律的尊严和价值。

其次，为了保护学生的合法权益，高校可以建立一个救济机制，让学生有机会申诉，以便得到公平的对待。

4. 改进学生管理方式

为了更好地管理学生，高校必须持续不断地探索和实践新的方法和手段。

第一，学生管理工作进网络。随着网络技术的迅速发展，它已经深刻地改变了教育的方式，并且已经成为高校大学生获取知识和信息的主要途径。其的优势在于其内容丰富、传播迅速、环境开放、覆盖面广、难以监控等。网络技术的发展为高校学生管理提供了一个重要的机会，但也带来了一些挑战。因此，高校应该充分利用现代技术，建立一个有效的信息网络，以拓展学生管理的领域，更好地满足学生的需求。

计算机技术是信息时代的重要组成部分，对于大学生来说，它是一门必不可少的应用技能。因此，高校应该正确引导和教育学生，让他们在网络上有更好的发展，提高他们的网络知识水平和上网技能。高校应该加强网络道德和心理素质教育，培养学生的自控能力。为了提高学生的网络安全意识，应定期举办网络知识和心理讲座，从正反两方面教育学生，让他们明白什么是不健康的、不道德的和违法的，培养他们的是非敏感性和辨别能力，从而使学生树立责任意识。为了保护学生的健康，高校必须加强网络管理。一方面，提高校园网站的质量；另一方面，加强与校外网吧的联系，帮助学生走上健康的道路。此外，还应该引导大学生参加一些丰富多彩、健康向上的活动，多举办一些与学生利益相关的计算机知识竞赛和问答。要培养学生的团队合作精神，加强人际交往，拓宽学生思想教育的渠道，以提升学生的综合素质。例如，每学期郑州经济管理干部学院都会组织"网页设计大赛""电子竞技大赛"等计算机方面的比赛，为学生提供了一个良性的学习环境，拓展了他们的知识面。此外，学院还致力于培养一支精干高效的学生管理团队，掌握网络信息技术，学习网上教育方法，及时收集、分析、监控网络信息，发现学生关注的热点和难点问题，特别是那些带有倾向性和群体性的问题，并及时采取有效措施，以确保学生的学习和发展。

第二，校园文化是一种以学生为中心、以课外活动为主要形式、以校园精神为核心的群体文化。它能够激发学生的积极性，陶冶情操，规范行为，开启智慧，增强他们的归属感和安全感，并有助于他们更好地认识自我、完善自我。随着素质教育的推行，高校社团如雨后春笋般涌现，形成了一股"创立社团热"的潮流，社团文化建设已成为校园文化建设的重要组成部分，受到了广泛的关注。可以说，早期的文学社、艺术团、学术沙龙，以及近期的公关协会、科技开发中心，都是青年学生在不同层面上寻求机遇、挑战自我、开阔视野、增进交流的绝佳舞台。这些社团也是教育者更好地了解学生、改善教育方式、提升教育效果的重要渠道。管理者应该充分利用社团来提供有效的思想指导和管理服务。

首先，提高校园社团文化的活动水平。目前，校园社团文化建设中存在一些问题，例如娱乐性内容过多，启迪性和思考性内容较少。此外，校园内有许多社团，但真正有吸引力的社团很少。这主要是社团文化活动水平较低造成的。因此，高校应该努力提升校园社团文化建设的水平，使其更加符合大学生的理解和欣赏习惯，以满足他们的需求。

其次，为了更好地促进学生的发展，高校应该加强对学生社团的监督和管理，确保它们符合法律、宪法和校规的要求。同时，高校也应该鼓励学生参与各种社会活动，并且积极邀请校外人士参与，以提高他们的社会责任感和参与度。通过这些措施，可以让学生更好地实现自己的价值观，并为他们的未来发展奠定基础。学生社团在发表刊物时，必须获得高校的授权，并且必须服从高校的管理。

最后，坚持开展校园社团文化活动，并确保它们能够长期有效地发挥作用。然而，在一些地方，校园文化活动存在节日时热闹非凡，平时却冷清寂寞的现象，或者只注重表面，追求轰动效应，只注重表面文章，不关心学生从中获益。这种活动与高校的教育目标背道而驰，也与校园文化建设要求格格不入，应该避免在工作中出现。

第三，随着社会化服务的不断深入，学生公寓的环境、文化设施、管理服务质量以及管理模式都面临着前所未有的挑战。因此，将学生管理工作纳入公寓管理体系是当今高等教育改革与发展的必然趋势高校应当根据当前学生公寓管理的特点，构建一套全新的组织架构和运行机制，以更好地满足学生的需求。例如，将党团组织纳入其中，以发挥其引导、团结和凝聚的作用。同时，要建立一个完善的自我管理机制，使学生公寓成为学生自我教育、自我管理和自我服务的场所。此外，还要积极组织开展公寓文化建设活动，为学生提供良好的学习环境和氛围。高校应该教育和引导大学生全面、客观、辩证地思考问题，同时建立有效的信息反馈和对话机制，以便及时发现问题，并采取有效的措施来加以解决，从而更好地控制和引导大学生的集体行为。

21 世纪的高等教育需要的是拥有全面素质、创新思维和实践能力的优秀人才。为了达到这一目标，高校的学生管理工作应该从被动转向主动，坚持以人为本的管理理念，将学生视为管理的主体，并通过民主的方式激发他们的积极性，提升他们的自我管理能力。为了更好地满足社会发展的需求，高校必须不断提升学生管理工作的水平，探索新的管理模式，并利用先进的教育管理技术，使学生管理工作更加科学、有序、规范。我们坚信，只有不断努力，不断学习，不断探索，高校学生管理工作才能够更好地适应新的发展趋势，为社会发展作出更大的贡献。

第三节　高校文化与行政管理

一、高校文化管理

高校是文化发展的重要基础，也是文化建设的重要载体。作为人才培养的摇篮，高校应当发挥其育人的功能，为中国特色社会主义事业培养出更多的建设者和接班人。作为知识的汇聚地和思想的源泉，高校应当成为社会文化发展的指引者和引领者。在推动社会主义文化发展和繁荣的进程中，高校应当积极投入资源，加强自身的文化建设，提供优质的文化服务，以实现文化的传承和发展。

（一）高校文化管理的特点和意义

1. 高校文化管理的特点

高校不仅是人才培养的基地，更是中国特色社会主义事业的摇篮，它不仅是知识的集散地，更是思想的发源地，它将成为社会文化的指引者，激励着每一个人追求更高的理想。为了促进社会主义文化的发展和繁荣，高校应该不断加强自身的文化建设，并肩负起传承、创新、辐射和支持文化的重任。“以文化人”的教育性是高校文化与其他文化形态最显著的区别，它强调主流价值观的引领作用，是构建校园文化的必要条件。而建立具有独特性的校园文化，则是各高校展示个性、增强文化发展活力的关键所在。

①教化性

“以文化人”旨在通过文化的渗透和熏陶，培养学生的情感、思想、价值观和行为习惯，以满足人才培养的需求，这是高校文化管理的核心任务。根据马克思主义的观点，教育的目标是促进人的全面发展，高校文化管理的过程实际上是一个塑造健全人格、开发智力潜能、丰富生活内涵的过程，使学生能够自由、全面、完整地发展。

②导向性

文化不仅仅是一个中立的概念，它拥有独特的价值取向。当今社会，多种思想和文化交织在一起，形成了一个复杂而又充满活力的格局，因此需要一种能够指导高校文化发展的价值观。在高校文化管理中，应该坚持马克思主义的指导地位，加强理想信念教育，弘扬爱国主义、改革创新的精神，深入开展社会主义荣辱观教育，构建社会主义核心价值体系，全面提升学生的思想道德水平。

③独特性

高校文化应该具有独特性，这样才能吸引人并且保持生命力。由于各个高校的文化传统和风格各不相同，社会对其的需求也各不相同。因此，必须建立和发展各具特色的高校文化，营造多样化的文化氛围，使高校文化更加丰富多彩。近年来，由于许多高校的办学定位和理念趋同，高校文化建设缺乏个性，存在同质化的趋势，这一现象可以从校训中得到体现，“求是”“创新”“厚德”等成为普遍使用的词汇。近年来，扬州大学以“坚苦自立”为校训，深入挖掘100年来师生的精神风貌，展现出他们坚韧不拔、自强不息的精神，进一步增强了高校文化建设的个性特色和独特魅力。

2. 高校文化管理的意义

文化不仅是一个民族的根基，还是一个国家的灵魂。从高校的发展历史来看，它们正在经历一个由传统的经验管理、制度管理（科学管理）到文化管理的转变过程。文化管理是一种全新的、更加先进的管理模式，它不仅将传统的经验管理、制度管理（科学管理）融入了高校的管理体系中，还使其成为一种与知识经济时代相适应的全新的管理模式。

随着社会主义市场经济体制的不断完善，高校建设也受到了市场力量的推动，竞争日益激烈。为了在这种竞争中取得优势，高校必须具备一定的核心能力，以便充分发挥文化传承、创新、辐射和服务的功能，从而对高校的发展产生深远的影响。

文化对高校和人的发展存在的影响可以从"深、广、远、忧"四种状况来理解。

①深

高校文化管理是一种深刻的、潜在的、无形的力量，它对高校的改革、发展和成败起着至关重要的作用。文化是高校发展的根基，是高校的灵魂，是高校的动力源泉。它具有指导性、提升性、凝聚性、激励性和稳定性，为高校的发展提供了强大的支撑。

②广

文化无处不在，无处不显示，无处不体现，其渗透到高校的每一个角落，甚至影响到社区和城市。

③远

高校文化对学生人生观、价值观的形成具有深远的影响，而这种影响往往是其他课程所无法比拟的。

④忧

市场经济的快速发展和激烈的竞争使得社会财富不断增加，但是文化价值观的落后使中华优秀传统文化受到了严重的冲击。文化建设是高校发展的基础，不同的文化体现了高校不同的追求、理想和价值观，并且形成了独特的管理风格、工作方式和生活方式。

高校是文化传承和创新的重要载体。它不仅能够培养学生的道德品质，还能够传播和辐射文化，成为社会的示范和引领者，并为社会提供服务和支撑。高校在促进文化发展和繁荣方面具有重要作用。

①文化传承创新功能

高校肩负着传承和创新的重任。传承是创新的基础，而创新则需要从前人的文化成果中汲取精华，融入新的思想，以及创造出全新的知识体系和文化。高校是一个培养新知识、新思想和新理论的重要场所，它不仅传承了中华优秀传统文化，还吸收了世界上先进的文化，为我们的精神文化注入了新的活力，丰富了人类的智慧宝库，促进了社会的发展。

②文化辐射引领功能

高校文化是社会文化的重要组成部分，它不仅受到社会文化的影响，还以其独特的优势深深地影响着社会文化。高校是一个充满知识和探索精神的殿堂，也是高学历、高层次人才聚集的地方，它不仅能够传播文化，还能够引领社会文化的发展。高校文化以其独特的价值观念为指导，引领着社会文化的发展，它不仅提升了大众文化的水平，摆脱了流行文化的局限，抵制了腐朽文化的影响，更是彰显了高雅文化的风采，强化了主流文化的影响力，为社会文化的健康发展起到了积极的示范作用。历史上，高校一直是新思想、新理论和各类思潮的发源地，也是文化风气的先驱。在历史的转折点上，高校总是能够引领时代的发展，它们不仅能够提升整体文化质量，还能够塑造文化精神，成为社会发展的示范和引领者。

③文化服务支撑功能

高校是一个重要的文化中心，它不仅通过其独特的文化来影响社会，还通过培养优秀的人才来推动社会文化的发展。在当今的历史背景下，高校应该充分利用自己的人才资源，为促进文化事业的发展、文化产业的发展和文化体制的改革提供智力支持。高校应该丰富传统文化课程，建立传统文化教育研究基地，培养出更多优秀的专业人才，为社会作出贡献。为了促进文化的发展，学者应该加强学术研究，推动哲学社会科学的繁荣发展，不断推出优秀的理论研究和文化创作作品。高校应该建立有利于文化繁荣发展的体制机制，为文化事业和产业发展提供更多的服务，壮大文化志愿者队伍，开展各类群众性精神文明创建活动。高校还应该积极搭建国际文化交流平台，坚持“请进来”和“走出去”，促进文化的国际化和多元化，为提升国家的文化实力，增强国际地位作出应有的贡献。

（二）高校文化素质教育的管理现状

当前，我国高校的文化素质教育管理体系已经发展出多种形式：将相关工作交由教务处开展；将相关工作交由学工部；建立特定的常设机构，由高校领导进行指挥；成立学院，负责文化素质教育工作，例如复旦大学的复旦学院、北京大学的元培学院、浙江大学的本科生院、宁波大学的阳明学院、山东理工大学的一年级工作部等。

随着管理机构的多元化发展，我国文化素质教育的课程设置和实施方式也变得更加丰富多彩。其中，四种主要形式分别是：一是建立课程体系，提供必读书目；二是采用模块化的课程选修制度；三是推行课程套餐制度；四是结合欧美的通识教育模式，将其经验和内容融入本科生的教育中，成立文理学院或本科生院。

总的来说，当前高校文化素质教育管理存在的问题主要包括：第一，各高校在机构设置上都重视大学生文化素质教育，但在实际操作中存在差异。由于各种体制和机构在职能定位、责任范围、职能效力以及资源配置等方面存在差异，因此它们的工作绩效和工作能力也会有所不同。第二，目前的课程设置存在较大的随意性，大多数情况下都是从高校和教师的角度出发，而忽略了学生的实际需求，导致有些课程学生不感兴趣，也有一些课程价值不大，“拼盘”现象比较明显，缺乏科学的论证。李曼丽在研究北京大学、清华大学、中国人民大学和北京师范大学的文化素质教育课程时发现，这些高校的课程存在种类不合理、内容偏重实用性、领域划分缺乏明确标准等问题，尤其是过分强调政治素质的培养，而忽视了最基本的公民素质、道德伦理、社会分析、科学等课程的开设，从而导致课程比例的不合理，需要进一步深入探究。高校在课程设计上存在明显的知识化倾向，以知识的数量来衡量课程的价值，这种做法导致了知识量过大而课时有限的局面，评价体系也不够完善。

（三）高校文化管理及其构建

高校应该采取更加积极的措施来推动文化建设，同时也要充分考虑到高校文化建设的隐性特征，以便更好地实现长期的发展目标。

可以说，文化与制度之间的关系就像道德与法律一样，高校文化是高校制度的重要组成部分，它们相辅相成、相得益彰。因此，高校文化的发展和完善不仅是高校发展的必要条件，也是传统教育模式向现代教育模式转变的必经之路。这种文化是一种以人为本的文化，它强调“人文”“人本”“人情”“人性”“人权”在管理中的重要性，以此来构建一个更加强大的“磁场”。校园文化是一种深植于师生心中的精神气质，它不仅体现在言谈举止中，也体现在书写作品中，构成了高校管理的文化，即所谓的管理文化。校园文化建设在高校管理中的作用可以从不同层面来划分，主要表现在以下几个方面。

（1）用物质文化陶冶人

通过物质文化的传播，可以让校园的精神得到更好的传承。这些文化元素包括校服、校歌、校刊校报、雕塑、学校建筑、艺术节、文化墙、名言警句等，这些元素不仅仅是校园思想文化的重要组成部分，也是思想文化、制度文化的重要支撑，能够深刻地影响着师生的心灵，激励他们追求更高的理想。优美的校园环境犹如春风拂面，滋润着学生的心灵，它给学生带来了无限的精神力量，令他们沉浸在美丽的校园风光中，整洁的校园环境，科学的教室布置，文明健康的文化教育设施，培养他们爱学校、爱老师、爱同学、爱家乡、爱祖国的高尚情操，在良好的环境中，他们能够更加深刻地体会到学习的乐趣，从而激发出更多的热情和活力。在舒适的氛围中，学生也会更加重视环境保护。这有助于培养学生正确的世界观、人生观和价值观。

（2）用制度文化规范人

校园制度文化是一种规范性的社会关系，它以法律法规、管理体制、组织机构及其运行机制、行为规范等为基础，为学生提供了一个良好的社会环境，以确保学生在学习、生活中遵守规则，促进学生健康成长。校园文化是高校发展的基础，建立和完善校园规章制度，是促进校园文化建设的重要因素，也是提高高校执行力的关键保障。校园文化的特征体现在其导向性、规范性、稳定性和发展性、科学性和教育性。

（3）用思想文化凝聚人

校园思想文化是一种深刻的文化理念，它贯穿于高校的发展历程中，是高校文化的核心，它不仅体现在班级文化和校园文化的建设上，更是激励学生追求卓越、追求进步的动力源泉。班风、校风虽然看不见、摸不着，但它深深地影响着校园内的每一个人，让他们感受到它的魅力。在这种氛围中，学生不必再受到教师的过多说教，而是自然而然地感受到它对心灵的洗礼和情感的熏陶。校园思想文化源自长期的校园物质文化、制度文化和行为文化的建设过程中，经过精心提炼和积淀，形成了一套完整的价值观念体系，它反映了师生员工共同的理想目标、文化传统、学术风范和行为准则，这些价值观念很难用文字或符号来表达出来。校园文化是一所学校的精神支柱，它体现了学校的整体风貌、水平、特色、凝聚力和吸引力。

校园思想文化是一种强大的教育力量，它对师生的健康成长产生了深远的影响：一是导向功能，它能够指导个人正确认识和处理自身与高校组织之间的关系，引导他们朝着高校期望的目标发展；二是凝聚功能，它能够凝聚师生员工的心灵，使他们对高校有一种使命感、自豪感和归属感，从而促进高校的发展和进步，形成一股强大的团结精神、凝聚力和共同的目标意识；三是激励功能，它能够激发师生的积极性、主动性和创造性，使其保持高昂的情绪和奋进精神，满足他们的精神需求；四是控制功能，它具有强大的心理制约力量，使师生接受必要的约束，使个体行为符合共同的准则；五是辐射功能，它以其独特的方式，在对师生进行教育的同时，也能够对社会产生积极的影响，促进社会的发展和进步。

高校文化管理包括校长、教师、学生、物质和精神五个方面。此外，教室、教研组、宿舍和食堂等场所也需要进行相应的管理。本书将深入探讨其中三个重要方面。

1. 校长文化管理及其构建

（1）校长文化

校长文化是一种深植于现代社会的职业文化，它体现了校长对教育理念的深刻理解，以及其独特的精神追求和职业特征。它不仅仅是一种职业实践，更是一种思想观念，它是校长在高校文化进程中所折射出的独特精神追求和职业特征。校长是高校文化的核心，应该以其独特的教育理念、思维模式和行为准则来体现高校文化的精神，并且要以身作则，树立良好的榜样。

校长文化，不仅是教师文化和学生文化的指导，也是它们共同发展的基础，它不仅能够激励学生追求更高的理想，还能够为高校的发展提供强有力的支撑，从而形成一种具有良好的文化氛围。

①校长文化具有鲜明的职业特征

校长文化是一种独特的职业精神，它源于工业经济时代，但在教育领域有着悠久的历史。它不仅体现了对教育的认识，也体现了对高校功能的理解，以及对育人取向的传承和对校长社会责任的思考。这些都是校长文化的动态内涵。教育的发展历程漫长而复杂，校长文化也在不断演变和完善，从传统到创新，不断推动着教育的发展和进步。

②校长文化具有时代创造性

校长文化是一种具有时代特色的创新性文化，它不断发展壮大，与时俱进，从基层教育者到校长岗位，从职务到职业，从管理者到经营者，从知识育人到文化管人，都体现出校长文化的不断创新，以适应时代的发展需求。旧的思维模式和知识只能停留在过去，校长文化的时代性要求他们不断更新自己的观念，勇于挑战传统，以全新的视角去理解和把握不断变化的教育实践。

③校长文化要体现主流文化

校长文化应当反映出主流文化的特征，但是由于民族历史、社会制度、地理环境以及教育发展的不平衡性，校长文化变得多元化。新文化运动提倡爱国主义和科学精神，而现代社会则要求校长创造一个良好的学术氛围和环境，但是，无论是过去还是现在，衡量一个高校成就的标准都是培养出了多少有用的人才。校长的文化修养不仅反映了社会文化的标准，也是文化人的典范。

（2）校长在文化管理中的应有做法

①发挥自身的影响力

我国教育家陶行知曾指出："校长是一个学校的灵魂。"[①]这种"灵魂"效应体现在校长的形象和行为中，它们是一种无形的指令，是校长治校育人的信念，是一种能够深深打动人心的力量。

第一，要把办好一所学校、带出一支优秀的教师队伍作为一项重要的事业来追求，不断努力，保持乐观的心态，激发积极的热情，全身心投入。

第二，要坚持自信、果断、创新的工作作风，不论在什么时候，遇到什么问题都要保持冷静、清醒，给予教师信心、信念和心理支持，做到"每临大事有静气"，并时刻保持生活的活力和工作的热情。校长应具备创新意识和精神，努力实现"三性"，即站在全局视野，思考长远发展，实施创新措施。

第三，要坚持可靠、诚信的待人原则，以促进双方心灵的交流，彼此认可，达成心理上的共鸣；同时，要为每一位教师提供发展的机会，搭建成长的舞台，让教师在对领导的信任和信赖中找到归属感，实现自身的人生梦想。

第四，要有坚韧不拔的性格和坚定不移的追求，高校在发展的道路上会遇到各种挑战，甚至会遭遇阻碍，而在事业上，在人生的拼搏中，也会遇到许多挫折，关键在于如何把握自己的命运，自我完善，在困境中前行，在挑战中突破，在超越中提升。

②体现情感的亲和力

人类是社会的一部分，每个人都渴望融入一个适合自己的环境和群体。在这里，他们可以得到尊重、认可和满足，从而体现出情感的亲和力。

第一，对待下属，要以友善的态度、诚挚的心意、真挚的信任为基础。

① 陶行知．陶行知文集[M]．南京：江苏教育出版社，2008．

第二，要合理地授予权力，正确评估；施加适当的压力，体现关怀；勇敢承担责任，表达爱意。

第三，要及时调整心态，及时发现问题，及时给予赞赏，及时传达感动，及时付出真诚，“真实”和“公正”，让每一位教师都能在我们的精心培养和热情关注下成长。

③激发教师的积极性和潜能

它可以通过物质和精神两种方式来实现，其中精神激励更能发挥作用。通过有效地运用激励手段，可以让教师更加积极主动地工作。激励不仅仅是对个人的鼓励，它也可以激发整个教师团队的积极性，通过个人的努力推动团队的进步，发挥激励的强大作用，实现最大的激励效果。

第一，重视培养教师，这本身就是一种鼓励，是尊重、信任，是满足他们发展需求的激励。

第二，要充分激发教师的热情，只有教师充满热情，才能够真正关爱学生，激发创新的火花，共同完成历史赋予我们的重任。

④增强团队的凝聚力

美国著名的管理学家圣吉（Senge）在《第五项修炼》一书中提出，团队的凝聚力是一种强大的力量，它可以激发组织内成员的潜能，增加未来的可能性，培养全新的思维方式，实现共同的愿景，营造一种和谐的氛围，激发积极向上的工作热情和精神，从而形成一种浓厚的组织文化。

校长要构建一支团队，增强团队的凝聚力；要创造一个有利于学习、实践和反思的氛围，让每一位教职工都成为高校的主人，自觉关注高校的发展，并为之付出创造性的努力。

2. 教师文化管理及其构建

（1）教师文化

从静态来看，教师文化是一种深刻的精神因素，它源于教师长期的教育实践和思考过程。它包括教育理念、职业道德、文化修养和角色认同，这些都是教师文化的核心内容。此外，教师文化还反映了他们在教学过程中的行为习惯和思维方式。教师文化是一种深植于教师群体内部的潜规则，它不仅反映了教师的身份特征，也反映了教师的形象特征和与学生的交往方式。它旨在引领班级文化和学生文化，激发教师的潜能，使他们在教育教学活动中发挥最大的作用。

（2）教师在文化管理中的应有做法

第一，在教师角色文化上，教师应该是一种具有独特教育理念和价值观的人。

第二，在教师形象文化上，教师应该拥有多样的个性和形象，从“工具人”的角色文化转变为“文化人”应该具有丰富的学识和能力。

第三，在教师交往文化中，应该从封闭和疏离转变为和谐合作。

第四，教师应该不断提高自己的专业素养和师德水平，面向全体学生，促进学生的全面发展。

（3）教师文化管理

为了促进教师的发展，制订个人发展计划是必不可少的。教师应该有自己的规划权，根据自己的目标和需求来设计发展方向，以实现自身价值。这样才能让教师朝着更高的目标前进。高校应该积极支持教师实现自身价值，尊重他们的发展规划和目标定位，鼓励他们勇于探索，追求个性，不断学习，拓展专业内涵，提升专业水平，以期让每一位教师都能够获得更大的成就。为了提高教师的工作热情，高校应该建立一个激励机制和成长机制，增强他们的成就感，并且有动力去实现教育的成功。

①营造教师文化

通过营造人文关怀的教师文化，高校管理可以更加有魅力，从而满足教师的需求，让每位教师都能感受到人文关怀，这种关怀不仅仅是高校管理者的责任，更是他们与高校之间的情感纽带。人文关怀为文化管理提供了一种和谐的氛围，使教师能够相互帮助、尊重、团结合作，营造出一个良好的教学环境和工作环境，激发他们不断探索新的工作需求，从而在这片充满关怀的教育土壤上播下希望的种子。

②关注细节文化

老子曾经说过：“天下难事，必作于易；天下大事，必作于细。”这句话深刻地阐释了细节的重要性，它提醒我们要想取得成功，就必须从身边的小事、细节做起。当校长为师生搭建起自主成长的平台时，会激发教师内心深处的成长激情，在自己的事业中不断探索和进取；激励教师不断探索学习机会，追求专业发展的最新动向，从而推动教育事业的发展。

③关注课堂文化

教育是一种文化传承，高校作为一个文化场所，应该重视课堂文化。校长有责任通过文化建设来塑造高校的特色，让学生成为自己的主人。将高校文化融入课堂教学中，让学生在学习过程中不断深入理解和体会，从而获得更多的成长。

第一，教师应该树立"以生为本"的教育理念，以学生的发展为中心，尊重学生的个性差异，相信每个学生都有潜在的发展潜力；积极创造和提供满足不同学生学习需求的条件，重视非智力因素的开发，激发学生的学习兴趣，培养学生良好的学习方式和习惯，增强学生的责任感和使命感，培养学生的创新精神和实践能力，以提升学生的学习效果。以学生的发展为核心，努力实现教学目标。

第二，教师应该将素质教育作为课堂教学的核心目标，以"教是为了不用教"的教学目的观、"让学生学会更要让学生会学"的教学功能观和"只有不会教的教师，没有学不会的学生"的学生观为指导，将全面提升学生的素质作为教育的根本出发点和归宿，将素质教育融入学科教学中，使课堂教学成为高校实施素质教育的重要渠道和主要阵地。

第三，教师是高校文化建设的重要组成部分，他们应该在课堂上传播文化，并在师生之间建立良好的文化氛围。在课堂环境中，每个人都扮演着重要的角色，遵守一定的规范，确立共同的愿景，并形成相互影响的氛围。只有在课堂上，我们才能真正理解课程改革的思想；在课堂上，高校的办学理念和价值观念能够被转化为学生成长和发展的动力；课堂文化的熏陶和感染能够让学生的心智得到发展，个性得到张扬，观念得到提升，情操得到陶冶；通过课堂，学生能够将知识、能力、情感、价值观融入自身的学习中，从而形成良好的品质、积极的情感、日趋成熟的世界观、人生观、价值观。

毫无疑问，课堂文化是高校文化建设的核心，也是提升高校文化水平的关键所在。作为课堂教学的主导者，教师应当努力创造一种平等、尊重、民主、有趣、和谐、有创意的课堂氛围，将高校文化融入教学过程中，让学生在"文化适应"中获得成长，发挥教师的潜能，激发教学的活力，培养学生的文化素养。教师应该鼓励学生通过自主学习、合作交流、实践探索、深入思考、构建知识、培养能力、形成思维、提升素养、塑造个性、培养文化修养，以此来激发学生的学习热情，让课堂成为高校文化的源泉。

3. 学生文化管理及其构建

（1）学生文化

学生文化是一种独特的价值观和文化取向，它体现了学生在学习、生活和工作中追求自主独立的精神，他们不仅受到教师和家长的指导，而且认同成人的价值观念，从而形成一种新的文化氛围。学生文化与成人文化有着密切的联系，但也存在一定程度的冲突和矛盾。虽然在不久的将来，学生可能会忘记某位教师所传授的知识，但他们心中深处的文化观念是永恒不变的。

（2）学生在文化管理中的应有做法

第一，应该认识到，要实现理想，就必须付出努力，坚持集体主义，遵守伦理道德，珍视传统文化。

第二，要实现从“要我学”到“我要学”的转变，以提升学习效率。

第三，要培养民主、自信、自尊、自立、自强、合作、和谐的精神，以激发自身的学习热情。

第四，通过参加高校举办的各种活动，促进个人成长和发展。

（3）学生文化管理

坚信每个学生都有潜能，因此在实施素质教育的过程中，要更加重视学生的可持续发展。努力寻找突破口，不断探索，促进学生的个性发展，培养他们的科技、传统文化、体育、艺术等方面的素养，并形成鲜明的办学特色。实施全面的素质教育应该涵盖以下多个方面。

①科学技术教育

以人为本，以发展为导向，以全校师生为核心，努力塑造科技特色，让学生在科学素养上得到全面提升。

一是科学素养的培养。在教学过程中，教师应该重视培养学生的科学素养。教师应该鼓励学生发挥自己的想象力和主观能动性，勇于探究，学习如何发现隐藏在问题背后的科学知识，并培养他们独立解决问题和自主学习的能力。通过多种方式，提升学生的科学素养，让他们更加热爱科学，并且培养探索精神，从而提升他们的科学思维能力，促进他们多种心理机能和学习能力的全面发展。通过实验，可以培养学生的科学素养，让他们学会以客观、公正的态度来看待科学，掌握科学研究的基本方法，并在团队合作中体会成功的喜悦；可以培养学生的科学意识，让他们学会从周围的现象和已学过的知识中发现问题，并寻找规律。

二是开展科普活动。为了提升学生的科学素养，可以定期举办各类科普活动，以"小发明""小创造""小改进"为基础，开设科普讲座、科学家事迹展、小发明小创造活动周、科学知识竞赛、科学墙报等，并且建立小型科技角、科学小沙龙、课外科学活动兴趣小组等，让学生可以在实践中体验科学的乐趣，深入了解科学的知识，从而提升自身的科学素养。

二是开展社会实践活动。通过参观和体验社会实践活动，让学生深入了解科技的发展，从而更好地理解科技对工农业生产和日常生活的影响，从而更好地感受社会的进步和科技的发展。这些活动包括参观工厂、农村的种植大棚、生态产业园区、高新科技园等。

四是利用各种媒体途径。当今社会，信息技术的飞速发展，使得各种媒体渠道，如网络、电视、报纸、杂志等，成为信息传播的重要载体，为人们提供了便捷的服务。

②传统文化教育

通过开设传统文化教育课程，让学生深入了解中国传统文化，激发他们对传统文化的热爱，培养他们成为具有理想、道德、文化和纪律的新一代人才。这不仅是学校校本课程开发的重要内容，也是高生实现自身价值的重要途径。

一是开展读书活动。通过开展读书活动，让学生深入了解中国悠久的传统文化，增强他们的意志力，培养他们勇敢面对困境的能力，以及坚韧不拔、勇往直前、不断进取的精神品质。

二是开展社会实践探究活动。通过社会实践探究活动，让学生深刻体会到文化遗产的重要性，从而更好地保护和传承这些宝贵的文化遗产。例如，参与家乡古遗址的考察、清明节的祭祀活动、端午节的缅怀先人、中秋节的团圆庆祝以及重阳节的登高等活动。

三是营造舆论环境。为了营造中国传统文化的社会舆论环境，应该努力拓展传统文化的传播空间，并在校园内设置各种载体，如标语、图片、宣传画等，以展示中国传统文化，让师生在传统文化的氛围中，不断接受教育，从而更好地理解和传承中国传统文化。为了更好地传播中国传统文化，可以开设专栏和刊物，举办研讨会，加大宣传力度，形成良好的舆论氛围。同时，还要加强对我国非物质文化遗产的保护和宣传，培养弘扬传统文化的社会风气和良好习惯。

四是在学科教学中渗透传统文化教育。通过将传统文化融入历史与社会学科教学，不仅可以丰富学生的学习内容，还可以增强他们的学习兴趣，提升学科的整体效益，让传统文化的精髓得到更好的传承。此外，还可以引入当地的课程资源，激发学生的思维，唤醒他们的兴趣，创造出一个生动活泼的教学环境。同时，还可以充分利用当地的课程资源，培养学生的社会实践能力，让他们拥有健康向上的人生观和爱国主义情感，从而更好地实现传统文化的传承与发展。通过让学生深入了解和热爱家乡，可以促进家乡的发展，使优秀的传统文化得到传承和发扬，并发挥其应有的作用。

③体教结合

通过体教结合的实践改革，努力提升学生的生活质量，打破传统的精英主义思想和偏重于升学的课程定位，构建一个能够满足不同学生多样化发展需求、促进学业与成长同步发展的教育教学管理机制，让每一名学生都能够体会到成长的喜悦，在快乐中获得成长的机会。

二、高校行政管理

改革高等院校行政管理体制是当前我国高等教育改革的重要组成部分，也是一项具有挑战性的任务。它不仅涉及教育行政管理体制的改革，还包括高校内部行政管理体制的改革，但由于我国的国情，这些改革往往处于系统性改革不足、局部推进的阶段，存在诸多问题，需要我们加以解决，以实现高校行政管理体制的有效改革，促进高等教育的发展和提升教育质量。这种情况对高等教育改革的整体效果造成了严重影响，并且在某种程度上阻碍了改革的进展，增加了改革的成本。

历史证明，高等教育承担着重要的使命，而当前的社会环境也给高校带来了挑战，这些挑战不仅需要政府和高校进行深入的分析，更需要高校自身的努力，以便更好地应对这些挑战。为此，政府和高校应该转变管理职能，扩大高校的办学自主权，加强宏观调控，改革管理手段和方式，并且要摒弃“官本位”，以更好地满足社会发展的需求，实现高等教育的可持续发展。为了推动高校的改革，应该彻底改变官僚体系，推动学术自由，重视学术权利，及时调整和转变管理职能，加快人事分配制度和社会保障制度的改革，并积极引入市场管理理念和管理机制，以提升办学效率和效益，为高校的整体改革发展提供有力支持。

（一）我国高校行政管理制度的特点及主要问题

1. 我国高校行政管理制度的特点

在中华人民共和国成立后的三十年里，我国建立了一个高度集中的计划经济体制，国家和政府对经济的控制方式是高度集中的。在这种体制下，我国的高等教育管理也遵循了这一特点，高校与政府之间的关系也是一种高度集权的管理模式。这种情况主要表现在以下几个方面。

（1）集中且直接的管理

中央政府对高等教育事业的管理具有集中且直接的权力，从学校设置、专业调整、招生、毕业生分配、教师调配到经费划拨等，都由中央政府统一指导，地方政府也要按照中央的要求进行工作，高校则是政府的一级行政机构，负责落实政府的政策，确保高等教育事业的发展。

（2）以行政管理为主。近几十年来，我国在高等教育管理上采取了多种措施，其中行政手段占据了重要地位，如立法、拨款、规划、信息服务、政策指导等，但这些措施仍然存在明显的行政色彩。

（3）以封闭式管理为主

高校是社会不可或缺的一部分，它们与社会的关系日益紧密。因此，高校管理必须以封闭式管理为主，以实现人才培养、科学研究和直接为社会服务的目标。高校管理的重要特征在于，既要保持封闭性，又要实现开放性，以促进高校的发展和社会的进步。长期以来，我国高校与社会、高校之间以及人才培养与使用之间缺乏有效的沟通和联系，高校的社会参与度低，缺乏科学的评估和反馈机制，从而影响了人才培养质量的提升。

（4）校（院）长负责制

1958 年，《关于教育工作的指示》提出，以党委领导为主导，实施校务委员会负责制，以促进高校的发展。而 1961 年，《教育部直属高等学校暂行工作条例》进一步强调，要以校长为首，实行党委领导的校务委员会负责制，以更好地推动高校的发展。高校的组织架构与政府机构相似，采取行政化管理方式。

随着党中央、国务院的指导，1999 年，中央和省级政府积极推动高等教育管理体制的改革，采取五种途径和八字方针，建立起中央和省级两级管理、分工负责、以省级政府统筹为主、条块有机结合的体制框架，使得高等教育得以迅猛发展。2010 年，适龄青年入学率达到 15 % 左右，使得高等教育进入了大众化的新阶段。2023 年，我国共计 4 430 万名在校大学生，这标志着我国的高等教育正在朝着普及的方向发展。随着政府对高等教育的投入和努力，我国的高等教育管理体制也发生了巨大的变化，不仅实现了高等教育的普及，还实现了教育的结构和布局的优化，使得有限的教育资源得到了更加合理的配置，办学效益不断提升。而且，我国的高等教育也从长期的条块分割状态中解放出来，逐渐实现了条块有机的融合。

2. 我国高校行政管理现存的主要问题

（1）教育行政管理体制方面的问题

①管理体制改革相对滞后

我国高校管理体制改革一直处于落后状态，这主要是由于党和政府对高校管理体制的深入改革和实质性改变不够到位。目前，高校管理模式、手段和方法单一，缺乏根本性的改变，传统的、带有强烈计划经济色彩的管理体制仍然存在。高校管理体制改革应该更加深入、广泛和有力，并且应该有明确的目标和相应的配套措施。尽管政府和企业之间的界限仍未消失，但高校管理体制的改革正在朝着更加全面、系统的方向发展。相比于企业体制改革和行政体制改革，高校的改革步伐更加迅速，甚至超越了医疗卫生、文化事业或中小学等事业单位的改革。高校行政体制改革是我国改革的一个重要里程碑，它不仅影响了政治、经济和社会发展，而且给我国带来了前所未有的变化。

首先，坚持党和国家的路线、政策，致力于培养社会主义现代化建设事业的建设者和接班人，这是高校的重要使命和责任。高校作为新思想、新思潮的发源地，是社会精英的摇篮，因此在几十年的发展过程中，国家一直采取准政府模式，让高校享受政府的待遇，并通过行政指导手段牢牢控制着高校的领导权，以确保高校的发展和社会的进步。但是，我国高校行政管理体制改革的效果一直不尽如人意，这是造成这一现象的主要原因。

其次，在过去的计划经济时代，国家主要依靠行政手段来管理高校，这种管理模式单一，缺乏改革的条件。然而，随着我国市场经济的发展，非经济领域的体制改革已经开始逐渐跟上经济领域的发展步伐。由于我国长期以来对高校的非产业化与非经济化定位，人们对高校管理观念的误解，以及对行政管理改革的忽视，高校管理体制改革被长期忽视，未能得到有效推进。

再次，党和政府在高校行政管理改革中扮演着重要的角色，其工作习惯和角色定位对于推动改革的进程至关重要。一直以来，党和政府都将高校作为自身加强社会管理的有力手段，并将其经验不断沿袭。但是，随着改革的深入，这种管理模式必然会受到削弱，服务职能增加，权力控制体系受到冲击，管理服务成本也会增加。尤其是在信息时代，改革意味着管理权力的分散化、管理手段的多样化、管理主体地位的平等化，以期达到更好的管理效果。此外，权力的调整也必然会影响到群众的利益。因此，在没有外力影响的情况下，管理者都希望能够保持原有的管理体系，而不是主动去改变现状，高校管理体制的改革将面临更多的挑战和障碍。

最后，在已经实施的高校行政管理体制改革中，前期改革的重点主要放在扩大资金来源上，而忽略了如何适应市场经济的环境、调整职能和运行机制等问题。由于缺乏统一的规划和协调，各部门和单位只能在表面上做出改变，而忽略了更深层次的问题，从而加剧了财政困难。

从总体上看，尽管当前我国的高校管理体制改革取得了一定的进展，但仍未能彻底改变传统的管理模式，这种盲目的改革既无法形成新的管理模式，也无法有效地解决改革过程中出现的各种问题，反而可能引发一些新的问题。改革高等学校管理体制是一项复杂的系统工程，它涉及到多个方面，包括政府机构、财政税收、干部人事制度、公用事业、社会保障等。为了应对这些挑战，我们必须加快推进相关的配套改革，并为改革创造良好的环境和条件。

②高校的办学自主权落实不够

高校的办学自主权落实不足，这是当前高校发展中最为棘手的问题，也是当务之急。国家对高校的管理权力没有得到有效的放权，过多的干预和限制，严重阻碍了高校自主办学的发展。尽管《中国教育改革和发展纲要》《中华人民共和国高等教育法》中明确指出，高等教育体制改革的最终目标是实现政府宏观管理、高校面向社会自主办学，但是，由于政府未能充分遵守法律规定，以及缺乏必要的监督和制约，因此政府对高校的领导和管理权限仍然存在不足，大多数情况下，政府仍然是直接参与和领导高校的办学和教育过程。

近年来，高等教育体制改革取得了一定进展，产生了显著效益，但是，由于高校办学自主权落实不到位，仍然是一个相对薄弱的环节，许多方面仍未达到法律规定的范围和程度，这是不可否认的事实。由于市场尚处于发展和完善的过程中，人们长期以来形成的思维定式和制度惯性仍然在影响着高校与政府之间的关系，因此在模式转变的过程中，政府如何发挥作用，高校如何实现自主办学，这一问题仍然存在，而且在理论上和实践中都没有得到很好的解决。随着时代的发展，政府高度集中管理的体制已经不再适用，因此政府应该采取有效措施，加强对这种集中管理体制的改革，以确保法律赋予的高校办学自主权得到充分的落实。面对当前高等教育管理职能的转变，如何有效地解决高校自主办学的矛盾，已经成为我国高等教育发展和体制创新的一大挑战。此外，由于办学体制、融资渠道、管理手段、利益分配等方面的不足，以及改革步伐的滞后，办学自主权的改革无法得到有效的实施。随着社会的发展，公办高校在我国高校中占据着越来越重要的地位，但是，由于国家财政拨款的存在，国资独大的局面仍然存在，因此政府仍然通过预算、拨款、行政命令等方式来管理高校，以确保高校的正常运转。由于高校隶属关系的存在，政府教育行政部门不得不将高校视为直接管辖的下属机构，这种计划经济体制下高校与政府之间的关系没有发生实质性的变化。然而，改革必然会导致一些既得利益者的损失，因此他们不愿意接受改革，也没有改革的动力。由于这些配套改革的落实不力，国家仍然坚持将本应放权的权力牢牢抓住。此外，高校内部改革观念和措施的欠缺也是导致办学自主权无法得到充分发挥的重要原因。随着改革的深入，许多高校的管理者面临着责任的加重和利益的冲击，这使得他们无法很好地理解和接受传统的被动执行方式，从而影响了政府对高校授权和分权的决心。因此，政府应该加强对高校管理者的培养和激励，以提高他们的创新能力，促进高校的发展。

③高校合并风行，而理想预期难成现实

国家多次召开全国高等教育体制改革座谈会，强调要加快推进高校合并改革，以促进各高校之间的合并，从而实现理想的目标。经过多年的努力，合并工作取得了显著的进展，彻底改变了长期以来部门和地方的分割状况，避免了重复办学、教育资源的浪费，一批拥有文、理、工、农、医等多学科的综合性高校也随之出现。

高校合并是一项复杂的系统工程，由于缺乏可供借鉴的经验和模式，合并的方式大体相同，在合并过程中也出现了一些亟待解决的问题，其中最突出的表现就是政府主导，缺乏科学性和合理性的论证，受政策和利益杠杆的驱动，出现了一系列问题，这些问题严重影响了高校合并的顺利进行，也给社会发展带来了不利影响。尽管没有条件合并，但高校仍然努力争取政策合并，以减少改革的成本；在搭建合并高校领导班子时，更多的是坚持平均主义原则，而非科学化原则；各合并高校之间的差异性，它们的融合程度不够，导致各高校的利益存在冲突；新学校的凝聚力相对较弱，人事关系难以协调，内部协作比较困难，资源的配置和共享也比较棘手。此外，管理的复杂性增强，使得一些学校的管理水平处于落后的状态，严重影响了高校的发展。究其原因在于：第一，国家宏观政策缺乏严谨性和政策调控力度的不足，使得高校合并成为一种普遍现象，其中存在各种各样的利益相关者，政策的导向作用也未能得到充分发挥。此外，政府在实施政策时，缺乏对具体高校合并的论证和深入细致的审批工作，行政命令多而项目论证少，政府的主导或利益导向更多地影响着高校的自愿，从而导致一些不符合条件的高校合并后出现了许多问题，这是造成高校合并现象的根本原因之一。第二，对于任何一所高校来说，摆脱历史积淀而形成的传统办学思想都是一项艰巨的任务，而重新确立新的办学思想又需要耗费大量的时间和精力。因此，为了保持和传承自身的办学特色和校园文化，各高校必须努力实现办学思想的融合。第三，随着高校的合并，高校管理者面临着多种复杂的挑战，包括原有的问题、新出现的问题以及规模扩大、校区分散带来的困难。此外，要想实现集中管理，还需要建立一套完善的管理机构，明确管理层级。虽然高校合并可能会对内部人事制度改革产生积极影响，但是由于组织内部利益的重新分配、权力的重新配置以及人事磨合的漫长过程，加之同类机构合并带来的中层管理人员的安排问题，各高校之间的人事关系变得更加紧张。

④高校规模扩大，而硬件设施、师资队伍难以保证

随着1999年以来我国高校连续扩招，高校规模不断扩大，但由于硬件设施和师资队伍的缺乏，高等教育的发展受到了一定的限制。然而，随着高校招生规模的不断扩大，在校生总量持续增长，高等教育毛入学率也在不断提高，这使得

我国高等教育得到了较快的发展，从而大幅缩短了从精英教育向大众化教育的过渡时间。然而，这一过程中也暴露出许多问题：许多高校的图书馆、教室、宿舍、实验设施、师资队伍都处于极度匮乏的状态，教育、教学改革落后，教学质量急剧下滑，学生素质参差不齐；高校的教学内容、教学方法、教学模式单一，教育缺乏灵活性，从而导致教学质量无法得到有效的提升。由于大学毕业生的数量超出了市场需求，就业市场面临严峻挑战。

近几年，我国经济发展迅速，就业率也达到了一个新的高度，但是，由于当时的经济环境，实现充分就业仍然存在一定的困难。此外，随着人们对高等教育的需求不断攀升，社会上也出现了巨大的教育市场空间，而高校也有足够的资源来扩大规模。因此，为了应对这一情况，国家及时出台了高校扩招的政策。然而，在实施政策的过程中，国家在论证和宏观管理方面，更多地考虑了减轻就业压力和扩大教育规模的因素，而忽略了一些高校的办学条件、扩招指标，甚至仅仅依据申报材料来确定指标，缺乏科学性、合理性，从而影响了政策的有效实施。由于政府宏观指导不力、监督评估体制不健全，以及多数高校为了追求自身利益而不顾自身实力地盲目跟风，高校扩招步伐过大，学生人数呈现出级数增长的趋势，但是高校的校园面积、教学、住宿、实验设备条件及师资队伍没有得到及时有效的补充和建设，从而无法跟上学生人数的增长速度。尽管国家高等教育教学模式改革取得了一定的进展，但仍有很大的改进空间，如学分制的实施、素质教育的推进、创新人才培养等，这些改革都在不断的探索中，使得传统的育人方式、手段、评价机制等仍未得到彻底有效的改善。近几年，由于扩招的学生没有按照新的模式来培养，单一型、学术型高级人才供大于求，而应用型、技术型和复合型的高素质人才严重短缺，人才结构失衡，国家的宏观调控变得更加艰难。因此，应当及时总结和调整，以期达到更好的效果。

⑤办学政策及教育市场开发方面模糊不清

国家在办学政策及教育市场开发方面存在诸多模糊不清的地方，其中最突出的表现就是：对于一些独立二级学院的审批建设，政府缺乏明确的界定、规范的要求以及严格的监管，使得这些二级学院的发展越来越偏离了其本来的宗旨。各种进修班、培训班等的大量涌现，严重挤占了高校的教学资源，影响了高校的正常运转。教育产业化的发展也引发了社会各界的广泛关注，对教育市场的影响也越来越明显。他们期望国家能够采取更加灵活多样的办学模式和机制，以扩大高等教育的影响力，让更多的人有机会接受和选择高等教育，以满足人们对高等教育日益增长的需求。然而，民办高校与公办高校的实力差距巨大，而公办高校的办学模式依赖于国有资本的支持，使得民办教育的发展受到了严重的限制。尽管一些高校采取了社会化机制，但是由于缺乏有效的改革，原有的体制仍然存在，这种情况严重阻碍了我国高校的发展，并且给高校的管理带来了极大的挑战。

目前，高等教育能否实行产业化成为当前社会关注的焦点，也是一个备受争议的话题。尽管国家已经明确表态，不实行高等教育产业化，但近几年的争论和政策的模糊，使得一些高校在发展中，采取了一些不恰当的措施，以应对当前的挑战。这需要我们进一步探讨，以期达成一个共识，实现高等教育产业化的目标。教育产业化已经成了一种趋势。通过积极拓宽投融资渠道、扩大办学规模和增强实力，高校可以更好地遵循市场经济规律，更加有效地实现投入与产出的平衡，并采取多种形式的引资和办学，从而推动高等教育的发展。根据这一思路，可以采取扩大招生规模、提高教育收入、鼓励民间投资建立二级学院等措施。尽管政策模糊是导致教育产业化问题出现的一个重要原因，但国家管理监控的不力以及高校为了追求自身利益而故意规避制度的约束也是重要的因素。近几年，教育产业化问题的争论越来越多，这些争论冲击着人们的传统心理，使得教育产业化的发展受到了一定程度的影响。人们的观点和认知发生了巨大的变化，这是社会发展的一个重要里程碑。尽管多元化的社会可能会带来一些不利影响，但政府仍应该坚持自身的价值观，坚持维护社会公平正义，并制定出一套有效的政策措施，以确保社会的正常运转。随着高等教育的迅猛发展，高校不仅想要壮大自己，而且受利益驱动，积极采取各种措施，如成立学位班、培训班、二级学院等，以增强自身的经济实力，甚至完全以经济利益为目的，这种行为已经偏离了高校的办学宗旨和本质，引发了社会的强烈反响。鉴于当前形势，政府应当及时作出判断，采取积极行动，引导公众树立正确的认识。

（2）高校内部行政管理体制方面的问题

随着高校数量的增加，其存在的问题也不尽相同。总的来说，我国高校内部管理体制存在的问题是多方面的，其中突出表现在以下几个方面。

第一，高校的党政关系一直未能得到有效的理顺，干部的任免制度缺乏科学性。这导致了一系列的矛盾，从而给高校的发展带来了许多负面的影响，甚至会影响整个高校的文化氛围。

第二，随着高等教育的发展，学术权力受到越来越多的关注，但是与此同时，行政权力相对薄弱。行政意志和部门意识的强调，使得高校的学术特色被忽略，也导致专家和各种专业委员会无法充分发挥其作用。此外，由于行政地位的凸显，教育的实施受到了限制。随着时代的发展，高等学校的决策和管理越来越受到学术界的重视，但仍存在一定程度的依赖，这种情况导致了学术权力的局限性，以及学术人员参与决策和管理的机会和范围的局限性。由于我国高校采取党委领导下的校长负责制，党委作为最高决策机构，学术权力受到严重削弱。

第三，高校管理机构的设置受到政府行政模式的影响，出现了严重的泛行政化和官僚化。为了解决这个问题，高校应该采取更加灵活和创新的管理方式，并采用与政府相同或相似的运行逻辑和机制。在机构设置方面，一个突出的问题是机构重叠，机构庞大；在职能结构方面，职能不清晰、职能不协调、职能不配套的现象普遍存在；在权责体系方面，权责不明确、权责错位、权责失衡；在人事设置方面，人浮于事、人事脱节的问题依然存在；在领导体制方面，层级间不连接、部门间不协调的状况十分明显；在制度体系方面，缺乏明确的岗位责任制、有效的监督机制和激励机制，导致高校内部组织机构仍然受到政府规定的行政级别的限制。近年来，这种行政级别特征在高校内部得到了进一步的加强，使得高校校长的权力更加集中，从而影响了高校的发展。

第四，分配不合理，收入悬殊度大，严重挫伤了教职工的工作积极性。“创收”热潮的兴起，使得高校内部分配的不合理性更加突出，收入悬殊度极大，加上高校协调不力，使得教职工的工作积极性受到严重的挫伤，影响了正常的工作秩序。一些部门只关注经济利益，偏离了教育的本质，导致教育质量下降，管理变得更加困难。

第五，缺乏较为科学合理的评估、考核制度。由于缺乏科学合理的评估和考核制度，教师职称晋升受到了严重影响，过分强调研究成果而忽视教学效果，过分注重数量而忽视质量，这种现象严重阻碍了高校职能的发挥。高校行政管理工作应当重视行政审批，并加强事后评估、检查、监督和责任落实制度，避免盲目办学和重复建设。

第六，高校管理模式单一，缺乏竞争机制、激励机制和责任监督机制，导致效率低下。管理理念陈旧，缺乏市场意识和竞争意识，仍然依赖于行政命令管理模式，习惯于计划经济体制下的权利与义务、投入与产出的思维方式。尽管公开选拔和聘任干部的制度仍然存在，但大多数岗位资源仍未发挥应有的作用；过分强调资金和项目的审批管理，忽视了过程监督和结果评估，导致国有资源的使用效率低下，国有资源和教育资源的浪费也日益严重。

（二）我国高校行政改革

加快推进和全面深化我国高校管理体制改革，是当前面临的一项重大挑战，也是一项极具挑战性的系统工程。我国现行的高校管理体制与改革目标模式之间存在较大差距，因此深化高校管理体制改革，不仅要求改革者能够更好地适应当前复杂多变的社会经济环境，还要求改革者能够根据不断变化的社会经济条件和环境，采取有效的措施，以实现改革的最终目标。当前，我国正在进行各项改革，但在实现新旧体制转轨转型的过程中，仍然存在一系列障碍。只有克服这些障碍，才能实现改革目标。

1. 教育行政管理改革

为了更好地推动和深化我国高校管理体制改革，要求高校不断拓宽思路，转变观念，以便更好地适应当前的经济社会的发展。为了实现思想的解放、观念的转变，我们应该加强对高校管理体制改革的理论研究，深入挖掘前期改革的经验，积极开展学术交流与理论宣传，以期营造出有利于改革的环境和条件。随着时代的发展，我们必须摒弃传统的观念，转向更加社会化的高等教育管理模式。长期以来，相关部门一直坚持将高等教育管理视为行政管理，但这种观念仍未能解决影响我国教育发展的根本性问题。为了实现高等教育管理体制改革的最终目标，必须摒弃传统观念，坚持"高等教育管理社会化"的思想，推动管理主体走向社会化，提升管理效能，使高等教育与社会政治、经济的发展相协调，以实现教育管理体制的改革。

为了更好地管理高等教育事业，需要建立一个政府宏观管理的体制，让高校依法自主办学。随着政治和科技体制的变化，我们需要重新审视政府与高校、中央与地方、中央教育主管部门与其他业务主管部门之间的关系，并逐步建立起举办者、管理者和办学者职责分明的管理机制。这样，中央和省级政府就能够分级管理，各自负责，并且以地方为主，条块关系有机结合。高校应致力于建立一个依法自治的高等教育管理体系。

当前，政府在教育管理中过度干预，高校自主权受限，无法满足市场经济的需求。因此，改变政府职能，放权，是我国教育管理体制改革的重要方向。长期以来，我们一直处于政府主导的社会，这种状况在高等教育方面表现得尤为明显。由于大多数高校都是国家出资建立的，政府很难从事务性管理中解放出来，从而也就无法实现高校的自主办学。政府对高校的管理是其发展的基础，政府应该采取有效的措施，从直接管理转向间接管理，从强制性管理转向柔性管理，以确保高校的自主发展。只有这样，才能真正实现高校办学的自主权。政府在管理高校时，应当充分考虑到最广大人民群众的根本利益，并结合社会发展趋势，对高校提出合理的要求，但不得直接干预和控制高校内部的运行环节和过程，也不得滥用行政命令，以确保学术活动的公正性和有效性。政府的职能主要是宏观管理高校，政府应该在规划、立法、管理和监督教育经费方面发挥重要作用，以保证高校的发展和教育质量。当前，我国在高校办学自主权和高校内部管理科学化方面仍然存在诸多挑战，其中最突出的是，权力的下放不足、不完善，以及权力在转移过程中缺乏有效的约束，这些都严重阻碍了高校的管理科学化。因此，要想实现这些目标，必须加强双方的沟通，建立良性的互动关系，使之达到互补互利的效果。为了解决当前的问题，必须在保持高校的办学自主权和推进高校内部管理的科学化之间取得平衡，并采取以下措施。

第一，在观念上，“扩权”和“用权”必须保持一致，以便更好地满足社会发展的需求。因此，政府主管部门应当改变传统的大一统管理模式，将更多的权力下放到高校，让它们拥有更多的办学自主权，从而适应时代的发展。在权力的下放过程中，不仅需要加大执行力度，更需要加快进度。然而，由于政府不愿意放权，或者担心放权会带来混乱，导致行动迟缓，阻碍了高校的发展。针对划转、共建共管和权力下放至省级的高校，应当加强监督，确保权力不会被滥用或者被转移。同时，应当加强对滥用自主权和权力混淆的高校的监督，并及时采取有效的措施，进行纠正。高校需要摒弃过去依赖上级指示和命令的管理思维，认识到办学自主权的重要性。具体而言，高校应当遵守国家颁布的相关法律法规，根据国家确定的专业目录，制订招生计划，确定录取标准、培养规格、基本学制，以及学位和职称的评定标准。此外，高校还要负责专业设置、招生、指导毕业生就业、组织教育教学活动、开展科学研究与技术开发、筹措和配置及使用经费、机构设置与人事安排、职称评定与工资分配，以保证其正常运转。高校应当积极推进国际交流，以便更好地满足国家经济建设和社会发展的需求，并建立一套完善的自我激励、自我发展、自我约束的运行机制。

第二，政府应该重新审视高等教育管理的职能，并重新调整它们之间的关系。在新的体制下，政府不仅要向高校下放更多的权力，还要重新审视它们的管理方式。这意味着，政府应该更加重视运用规划、法律、经济、评估和信息服务等途径来实现宏观管理，而不是仅仅依靠行政部门来管理具体的办学过程和日常事务。同时，政府也应该更加重视发挥社会学术组织的作用，以促进高等教育的发展。管理机构和民间团体在研究领域扮演着重要的角色。新体制的基本框架是政府两级在高等教育领域的管理上有着明确的分工，但随着区域经济的快速增长，政府的职能也在逐渐增加。中央政府的主要任务是制定国家的高等教育政策，监督和评估高校的办学方向和质量，为高校的改革和发展提供信息支持。此外，政府还需要对那些对整个国家经济建设和社会发展具有重要意义的重点高校进行监督。按照中央的统一部署，各地政府负责制定当地的高等教育发展规划，合理分配资源，进行监督和考核，并负责审核和批准新建的专科和高等职业院校。

第三，为了更好地实现高校办学自主权的扩大和内部管理科学化，必须加强高等教育法制的完善，以确保《中华人民共和国教育法》《中华人民共和国高等教育法》等法律法规的有效实施，并明确政府、高校和社会之间的职责、权利、义务和行为，以确保高校的自主权和内部管理科学化得到有效保障。我们需要对现行法律进行进一步的完善，并制定新的相关法律。多年来，我国高等教育体制经历了多次改革，形成了中央与地方政府分级管理和条块结合的体制。面对新的形势，政府需要加强宏观管理，转变政府职能和管理方式，这是教育体制创新的关键，需要不断探索和创新。总而言之，要想改善政府与高校之间的关系，必须解决三个关键问题：如何适应市场需求，如何依法办学，以及如何实现民主管理。加强教育法治建设，依法治教，是中国教育现代化的历史必然。尽管我国的教育立法工作已经取得了一定的进展，但仍有待完善。第三次全国教育工作会议强调，要按照《中华人民共和国高等教育法》的规定，赋予高校办学自主权，以更好地适应当地经济和社会发展的需求。“高等教育办学自主权”是我国高校改革和发展的关键，它不仅需要有明确的法律法规和规章制度来支持，还需要建立一套有效的内部改革机制和自我约束机制来促进高校的发展。因此，必须建立一个以法律为基础的教育体系，以法律为依据，明确各管理主体的社会地位，划分权限，确定义务和责任，并落实“有法必依，执法必严”，以确保高等教育的高效有序运行。

政府应该从直接的行政管理转变为间接的宏观管理，对责任、权力和利益进行重新调整，从而推动教育体制的改革和创新。长期以来，政府教育行政管理部门一直依赖计划经济体制，以行政审批和直接管理的方式来实施宏观调控，这种做法既受到思想观念和行为习惯的限制，也受到利益分配的影响。因此，在市场经济条件下，政府职能和行为必须符合法律规范，以保证教育事业的可持续发展。法律旨在通过强化对政府职责的认知和监督，以及对政府行为的限制，来实现对政府职责的清晰划分。具体而言，在市场调节的领域，政府应当积极推动市场的健康发展，并充分发挥市场的调节作用；而在非市场化的领域，政府应当采取必要的措施，以促进经济的可持续增长。教育应该根据其提供的公共产品、准公共产品和私人产品等不同性质进行分类管理和分类指导，以便更好地实现教育的有效运用。为此，政府应当调整和革新管理手段和方式，尽量减少行政审批，将精力更多地放在战略规划、依法行政、政策指导、信息服务以及各种间接调控的手段上，以确保教育的有效性。政府作为行政机构，高校作为教学和学术机构，其活动内容和方式有所不同，因此政府管理高校应当遵循教育规律与学术规律，以促进教育的发展和提高学生的素质。

为了更好地实施宏观管理，政府应该从传统的行政管理模式转变为依法治理，以确保高校的办学自主权；同时，政府也应该制定并执行市场准入和运行准则，以规范市场运作，并充分利用市场机制来调节教育资源。政府应该坚持公平、高效的原则，以及优胜劣汰的方式，以提高效率为目标，努力实现利益最大化。政府应当采取有效措施来解决弱势群体受到的教育机会不均等和不公平的问题，其中一个重要的原则是：在保证基本需求的前提下，优先分配公共教育资源，并且创造一个公平竞争的环境和机制，以提高教育质量，同时也要确保教育资源的有效利用。为了解决教育供求关系的问题，政府应该采取经济杠杆的方式，建立和完善资助制度，通过奖学金、助学金、贷学金等形式，为家境贫寒的学生提供平等的受教育机会。此外，我国城乡之间、地区之间的教育水平、教育条件和教育机会存在较大差距，因此政府应该加强农村教育，提高教育水平，让农民子弟有更多的机会进入高校，以此来实现教育宏观管理的目标，这是一项重要的任务和重大课题。

随着社会主义市场经济的不断发展，传统的高等教育模式已不能满足当今的需求。因此，高校需要重新审视其运作模式，以更好地满足当今市场的需求，培养出更具竞争力的高素质的专业人才，推进科技进步，从而获得更大的收益。高校与市场之间的联系已经从单纯的自发性转变为受到国家宏观规划、干预和调控，以及市场机制的支持，形成了一种更加紧密、协同、互利、共赢的合作模式。例如，在当今社会，为了促进“准公共产品”的发展，政府应当采取宏观调控的方式，以确保“准公共产品”的有效传播。同时，为了更好地发挥高等教育的作用，政府、高校以及市场之间也应当建立起一种“政府宏观指导、高校自主发展、市场积极引导”的机制。通过实施一系列政策和措施，政府可以有效地指导高等教育的发展，包括但不限于规划、管理、监督、评估和激励，从而促使高校实现自主办学，并通过市场机制和资源配置来提升其质量和效率。根据价值规律、等价交换原则以及对市场机制的运用，高校可以更好地适应社会的变化，并且不断创造出独具特色的教育体系。此外，在外部竞争的压力和内在利益的推动下，高校也可以培养自我积累、自我发展、自我约束、自我完善的能力，从而实现自主办学，并且与其他高校建立起良好的横向联系，形成联合协作的办学模式。在高等教育领域，市场可以被划分为两个方面：一个是社会市场，即劳动力、科技知识和资本的流通；另一个则是院校市场，即在院校内部的一些经济活动，其中涉及经济因素、经济政策以及经济环境。

政府应该积极推动建立一个社会各界共同参与的高等教育体制，以有效利用高等教育资源，激发其发展活力，并且与高等教育管理体制相互促进，这也是近年来我国高等教育改革的重要组成部分。改革高等教育办学体制的核心目标是打破政府垄断，建立一个由政府主导、社会各界共同参与的新型办学模式。在当今社会，高等教育不仅是一项重要的知识产业，对经济建设和社会发展起着基础性、全局性和先导性的作用，还是一项具有深远意义的社会公益事业，它不仅可以促进经济、政治、文化的发展，还可以提升国民的整体素质，从而成为国家综合实力的重要组成部分。首先，在理论认识和实践探索上，必须坚持以政府办学为主体，努力推进高等教育的发展。鉴于当前我国社会主义经济和基本政治制度的发展状况，为了提升国家实力并确保正确的发展方向，高等教育必须坚持以政府办学为核心，即确立公立学校的主导地位。其次，为了促进民办高等教育的发展，应该大力支持社会各界投资兴办，充分利用各种社会资源，弥补政府财政投入的不足，并且探索多元化的发展管理模式，以加快高等教育事业的发展。民办教育是高等教育发展的重要组成部分，应当得到政府的大力支持。这不仅符合我国社会主义市场经济体制的特点，而且为高等教育的多元化发展提供了良好的经济环境和社会环境。因此，政府应该积极推动民办教育的发展，以促进高等教育的健康发展。最后，为了促进中外合作办学的发展，必须积极探索有效的管理措施，以确保国外资本和教育机构能够顺利地进入我国高等教育市场，并且能够有效地推动我国高等教育的国际化。根据 WTO 的协议，高等教育被视为一种服务性贸易，因此各成员国必须大力推广高等教育。为了解决这一问题，我们必须加强对高等教育办学体制的研究，并迅速制定出适当的政策和管理措施。为了更好地推动高等教育的发展，我们应该积极探索多种途径，包括完善相关的政策法规，拓宽对外开放的渠道，允许外国教育机构和资本参与到我国的高等教育市场中来，同时也要坚定地捍卫国家的教育主权，并鼓励我国的高校抓住机遇，勇敢地走出国门，走向世界。《中华人民共和国中外合作办学条例》和《高等学校境外办学暂行管理办法》的出台，为境外办学活动的监督和管理提供了强有力的法律保障。

为了实现政事职责的有效分离、机构的精简和人员编制的合理配置，要完善政事管理体制。因此，事业单位应当建立健全机构名称、机构等级、劳动人事制度、工资福利制度、目标考核制度、组织领导制度、财务管理制度、组织运行与管理方式等，并且严格执行政事运行机制和管理方式的分离。高校应当取消行政级别，采取多种措施，如简政放权、改革创新等，逐步减少事业单位与其主管行政部门的隶属关系，最终实现政事分开的改革目标。为此，应当按照建立现代事业制度的设计构想，对事业法人进行登记，使其成为依法面向社会、自主开展事业经营的独立法人。

政府和高校应该共同努力解决扩招带来的问题。首先，政府应该提供全方位的支持，包括提供服务、监督和管理。此外，政府还应该制定合理的评估标准，对于需要扩招的高校进行严格审核，并根据高等教育的发展趋势，合理调整扩招的人数和时间，以防止高校的不合理扩招。其次，高校应该在微观层面上对自己的教学、生活场地、设施、设备和师资队伍进行全面考量，以确保自身能够持续发展，不仅要追求短期效果，还要制定长期发展规划，以确保高校能够稳定健康地发展。

在高校合并过程中，由于磨合、人事调整等问题，单靠高校本身的力量很难解决。因此，政府需要充分发挥宏观调控的管理职能，协调各方关系，进行有效的行政干预和指导。在进行高校合并工作时，不应该一窝蜂地进行，而应该根据实际情况进行科学、合理的论证，避免政策诱导，减少行政化色彩，走科学评估的道路。高校应该充分理解合并的困难，并鼓励教师和员工积极参与和协作。为了实现高校办学的战略目标，需要重新塑造高校的办学思想。此外，还应该实行集中下的适度分权。在实施统一领导的基础上，采取校、院（系）两级管理模式，其中校级领导负责宏观管理，包括高校发展规划、校内各种关系协调等；而院级领导则负责微观管理，包括教学管理和科研工作。针对当前高等教育体制改革中出现的挑战，政府应当积极发挥宏观职能，加强引导，推动学科专业、课程的调整与建设，以实现学科的融合、优势的互补、资源的共享，从而形成良性的发展循环。同时，各高校也要积极探索新的改革模式，充分发挥自身的潜力，努力提升教育质量和科研水平，以满足自身的发展需求。

通过建立一个科学、合理、公平的评估机制，可以更好地促进高校的健康发展。它不仅可以准确地衡量高校的教学、科研、学术成果，还可以为高校的资源分配提供可靠的参考，激发教职员工的积极性，从而提升高校的教育、科研水平。为了更好地实现我国的教育发展目标，应当结合本土文化和外部环境，积极探索和实施多元化的评价体系，包括设立专业的教育行业协会、教育评估所、资产评估所等，以及引进先进的社会化测评机构和测评制度，以期形成一套完善的、符合本土文化的、科学的、公正的教育评价体系。

关于教育产业化的问题一直存在争议，实际上，教育产业化是一种双重性质的模式，它既有利又有弊，最终决定是否采用取决于国家决策层的意愿。然而，作为一种全球普遍采用和借鉴的模式，我们不能忽视它的重要性，尤其是在我国，由于教育基础薄弱，政府也无力承担高校发展所需的巨额资金，因此适当实施教育产业化，对我国高等教育的发展是十分必要的，也是可行的。虽然实行产业化可以在一定程度上促进经济发展，但是必须清楚地认识到，它只能在一定程度上发挥作用，比如高校的投融资、招生就业、后勤管理、专业设置等，这些领域与市场联系较为紧密，因此可以相对实行一定程度的产业化改革；而对于二级学院的设立，则需要根据实际情况，明确哪些高校可以设立，哪些高校不能设立，以确保产业化的有效实施，从而达到最佳的经济效益。国家应当根据各高校的不同地位和作用，制定出适当的二级学院权限和办学模式，以免市场化因素过度渗透，影响高校的发展和社会稳定。

2. 高校内部的管理体制改革

高校内部的管理体制改革是一个相当复杂的问题。目前，我国高校在教育管理方面存在的问题仍然十分突出，不仅与当前社会发展的需求不相符，而且严重阻碍了高校的有效运转，影响了高校的职能发挥。因此，必须从政府管理的模式中解放出来，遵循教育规律，并在教育教学观念改革取得重大成果的基础上，建立健全的教学、科研、服务机制，营造良好的外部环境，以促进高校的可持续发展。为了实现科教兴国战略和促进社会主义市场经济的发展，必须对高等教育进行改革和创新。因此，未来的改革应该着重于在以下几个方面取得突破性进展。

第一，为了更好地实现党政分开，明确各自职责，加强高校领导干部的任命机制改革，应该彻底改变高校领导单一的委任制，全面实行聘任制和任期制，以便更好地适应教育教学的规律，而不是沿袭行政逻辑之路，从而保证高校的正常运作。为了确保聘任制的有效实施，必须建立有效的约束机制，并且确保选拔过程公开透明。为此，可以设立由教师代表大会、工会代表大会、教授委员会等组成的考察委员会，负责对聘任制的实施进行全面的监督，并且定期举行公开答辩。

第二，理顺高校内部学术权力与行政权力的关系。为了更好地管理高校，我们应该改变传统的行政级别观念，强调学术权力，并建立教授委员会等组织，让学术界的专家和学者参与到决策和管理中来，以充分发挥高校的学术权威。在高校里，学术权力和行政权力都是必不可少的，但也各有其局限性。二者之间不能互相替代，也不能用一种权力来掩盖另一种。在当前的高校结构中，学术权力应该处于主导地位，而非被行政权力所取代。虽然强调学术权力的重要性，但也不能忽视行政权力的存在，而有效地将它们融合在一起，才能够实现权力结构的完善。

第三，重塑管理理念，建立以人为本的教育模式，是推动改革发展的关键。面对当今这个充满挑战的社会，高校应该及时调整其办学理念和管理理念，汲取外部的优秀经验，并以此为基础，不断创新其管理模式。随着时代的发展，高校已经不再是一个孤立的空间，它们与社会的联系越来越紧密，这促进了高校向社会化的方向发展。随着投融资机制的改革，社会对高校的影响，以及高等教育产业的日益成熟，高校必须按照教育发展的规律和市场的发展趋势，用商业思维来指导管理工作，增强自身的实力，为教学和科研作出贡献。

第四，加强高校管理职能的调整，加快机构改革的进程。为了更好地促进高校管理职能的调整和加快机构改革的进程，我们必须加强对高校管理的改革。过去，高校的管理主要是一种行政管理，是一种大规模的管理模式，规定了高校所有师生员工的日常生活需求。但是，在知识经济时代，知识不仅是一种间接的影响力，还是一种直接参与经济活动的重要因素，它可以为社会发展和经济增长提供强有力的支撑。随着国家机关、企业团体以及各大高校纷纷投入资源，建立起一系列的研究中心、科技园以及一批高科技企业或企业集团，高校的管理更加复杂，管理内容更加丰富，管理需求更加多样化。面对新的形势，高校应该迅速调整其管理职能，清楚地知晓哪些事务需要自己去处理，哪些事务可以委托给其他人，将管理重点放在高校的发展大局上，并且根据职能的变化，及时进行相应的机构改革，以提升管理效率和效果。

第五，加强高校人事分配制度改革。厦门大学高等教育科学研究所名誉所长潘懋元教授指出，为了更好地推进高校管理体制改革，必须加强人事分配制度改革，因为这是行政制度改革的核心，也是高校改革的重中之重。他强调，要把握住这一关键点，才能更好地推动高校发展。现在，核心竞争力已成为企业发展的重要指标，它不仅体现在产品的竞争中，更体现在企业内部团队的创新能力和人才的竞争中。高校的核心竞争力在于师资，而有效的管理则可以充分发挥师资的潜力，从而提升高校的整体竞争力。为了提升教职员工的待遇，激发他们的积极性，发挥他们的智慧和能力，高校应该通过改革人事分配制度，引入竞争机制，实现人才的有效流动，合理分配利益，从而形成强大的竞争力。在改革中，我们应该摒弃以往简单的人事制度改革方式，而是要根据我国的实际情况和高校的特殊地位，采取科学合理的改革措施。总而言之，人事分配制度的改革对于促进我国高等教育管理体制的发展具有至关重要的意义，但也存在一些挑战，因此应该采取科学、民主、实践相结合的方式，积极、稳健、有序地推动这一改革。

第六，建立和完善社会保障制度。为了实现我国管理体制改革的目标，我国必须进行大规模的机构调整、职能转型。除了极少数机构和人员仍然保留政府职能外，其余的人员都需要被分配到不同的岗位。在实现政府和高校、企业的分离之后，事业单位的人员将被分配到企业，这将导致个人身份的转变以及相应的待遇的改变。很明显，传统观念和既得利益的存在将阻碍机构调整和人员分流的实施。因此，必须迅速推进干部人事制度、住房制度、户籍管理制度以及其他相关配套制度的改革，特别是要加快建立和完善新的社会保障体系，以确保高校人员能够有效地分流到更合适的地方。随着经济发展速度的加快，我国建立了更加完善的社会化保障体系，覆盖面更加广泛，保障功能更加强大，管理体制更加有序。尤其是在高校，人事部门和卫生部门分别承担着养老保险和医疗保险的职能，而这些保险制度的实施则是由有关人员所在的单位来完成的，从而形成了一种真正的单位保险制度。在“单位”的传统社会保障制度下，一旦离开，就会失去相应的社会保险待遇，这不仅会影响到高校人员的流动，也会成为一大障碍。随着国家对事业单位体制改革的不断加强，我们建议采取一种全新的方式，即结合我国的实际情况，既承认并维护现行的事业单位工作者的权利，又给予他们合法的社会福利。同时，建立专门的社会保障机构，对这些资金进行统一管理，从而实现社会保障的全面覆盖。通过将公共事业经费预算与社会保障经费预算分开，不仅能够有效缓解事业单位的财务压力，还能够克服社会保障体制的单一性、局限性，为实现社会主义市场经济体制的发展奠定坚实的基础。

第七，建立和完善高校内部的评价体系和考核制度。随着社会的发展，高校内部的管理评价考核体系也不断完善，它们可以更好地激励和促进人才的成长和发展。中国科学院正在试行职称评定改革，这一举措引起了社会的广泛关注，政府机关也在积极探索新的考核制度和办法，如问责制的建立和落实，以期更好地促进高校的发展。在当今这个复杂多变的社会环境中，高校应该积极思考如何创新评价考核体系，以应对不断变化的挑战，并大力改革教师评定考核与奖惩制度，以激发教职员工的积极性，形成一种良性的运行机制，为高校的发展提供有力支撑。

第八，加强高校管理方式和管理手段的转变。随着高校管理对象的复杂化、管理内容的多样化以及管理需求的多元化，我们应该积极探索新的管理模式，将传统的行政命令转变为市场化的管理理念和手段，加强高校与社会的联系，建立和完善高校与社会之间的有效合作机制，以提升高校管理水平。随着社会的发展，中介组织的作用变得越来越重要。它们不仅可以起到桥梁的作用，缓冲交易的压力，提供优质的服务，还可以监督交易过程，协调资源配置，从而降低交易成本。

第九，建立健全高等学校内部的各项规章制度和加强组织建设。为了更好地保护学生和教职工的权益，高校应该制定完善的章程，建立学术组织、工会和教授委员会等机构，并赋予它们相应的权力。这些机构应该在重大问题的决策中发挥关键作用。同时，高校还应该加强对各系统和组织行为的规范，特别是在自主权不断扩大的情况下，应该尽快建立完善的自我约束机制。在政府的宏观管理下，通过建立有效的约束机制，可以有效地实现各项职能的协调发挥，并且在规范比较健全的情况下，可以逐步推动管理工作的专业化和职业化，如后勤服务、学生管理、科技服务等。

第五章 “互联网 +”视域下高校教育管理现状

进入 21 世纪以来，信息技术飞速发展，互联网逐渐普及，成为推动各行各业发展的新动力。教育领域也不例外，以“互联网 + 教育”为代表的教育教学模式成为高等教育教学改革的热门话题。“互联网 +”不仅给高等教育教学带来了机遇，同时也带来了挑战，需要广大高等教育教学工作者以全面的视角看待这一教育教学新形态，积极剖析高等教育教学的改革路径。

第一节 “互联网 + 教育”的核心与本质

“互联网 + 教育”是一种全新的教育模式，涵盖了中小学教育、大学教育、职业教育、IT 培训等多个层次。“互联网 + 教育”的实施将使未来的教育活动更加依赖于互联网，教师可以利用互联网进行教学，学生可以利用互联网获取信息，线下活动也可以成为线上活动的补充和拓展。

2015 年 6 月 14 日，在“2015 中国互联网 + 创新大会 · 河北峰会”上，业界权威专家学者围绕“互联网 + 教育”这个中心议题，纷纷阐述自己的观点。“互联网 +”不仅不会取代传统教育，而且会让传统教育焕发出新的活力；第一代教育以书本为核心，第二代教育以教材为核心，第三代教育以辅导和案例方式出现，如今的第四代教育，才真正地以学生为核心。中国工程院院士李京文表示，中国教育正在迈向 4.0 时代。

互联网成为教育变革的一大契机，但是它只是对传统教育的升级，其目的不是去颠覆教育，更不是颠覆当前高校的体制。基于此，我们认为，“互联网 + 教育”的核心和本质就是基于信息技术，实现教育内容的持续更新、教育模式的不断优化、学习方式的连续转变以及教育评价的日益多元化。

一、教育内容的持续更新

随着“互联网 + 课程”的出现，高校的课程结构和内容发生了巨大的变化。互联网提供了大量的资源，使得高校的各学科课程得以全面拓展和更新，让学生能够及时获取最新的知识，使得课程内容更加艺术化和生活化。随着互联网的普及，各种选修课程的开发和应用也变得更加广泛，许多高校甚至可以开设上百门的特色选修课程。

二、教学模式的不断优化

“互联网 + 教学”的出现，为教师提供了一个全新的教学环境，它不仅改变了传统的教学方式，提供了更多的资源和视频，还为教师提供了一种先进的教学理念，使他们能够更好地掌握知识，提高教学质量。此外，“互联网 + 教学”还彻底改变了传统的教学组织形式，使教学更加有效率、更加有趣。随着互联网技术的飞速发展，“翻转课堂”这一以学习为主导的教学模式已经变得可行。此外，师生之间的互动也不再仅仅停留在形式上，通过互联网，学生可以跨越时空的限制，与同学、教师进行有效的沟通交流。在互联网时代，教师的作用发挥到了极致，他们可以通过移动终端及时地为学生提供指导和帮助，通过提供资源和激发兴趣来引导学生思考。随着互联网的普及，教师可以通过它来实现跨越时空的教学，无论是在学术界还是在其他领域，甚至可以与世界各地的专家学者进行即时视频交流，这使得教师的课堂教学变得更加自由、丰富多彩。

三、学习方式的连续转变

“互联网 + 学习”是一种非常受欢迎的移动学习方式，它可以随时随地学习，改变了学生的学习观念和行为方式。通过互联网，学生可以更加主动地学习，他们可以在互联网世界中发现自己的学习需求和价值，并找到高效的学习方式，从而解开他们的学习疑惑。多年来，研究性学习一直未能在高校得到真正的应用和推广，这主要是由于它受到研究场地、资源和财力物力等因素的限制。但是，随着互联网技术的飞速发展，这些问题已经得到了有效的解决。随着互联网技术的发展，学生可以更加自由地探索和研究，他们可以对熟悉的人群进行大规模的调查，也可以进行虚拟的科学实验。“互联网 + 学习”对学生的影响是深远的，它的出现为学生提供了一种远程培训的新模式，使得学生能够更好地利用互联网技术，实现终身学习

四、教育评价的日益多元

随着“互联网 + 评价”的普及，“网评”已经成为现代教育管理的重要方式。学生可以通过网络平台，对教师的教学表现进行评分，教师可以通过网络渠道向教育行政部门和领导提出建议，而行政机构也可以利用网络大数据，实时监测和评估各高校和教师的教学活动，以确保他们的教学质量和教学效果。在“互联网 +”时代，每一位参与者都可以成为教育评价的主体，并且可以通过互联网获得更多的信息，从而使得不同阶层的人们可以更加全面地参与到教育的评价中来。“互联网 + 评价”的出现极大地改变了传统的教育评估模式，它不仅提供了一种新的、客观的、全面的、可衡量的评估标准。比如，从以往的单纯以学生的成绩作为衡量教师教学能力的唯一依据到“互联网 +”的出现，教师的信息收集、整理、转换，以及利用互联网进行经验分享，都可以作为衡量教师能力的重要参照。

总之，随着“互联网 +”时代的到来，教育工作者必须抓住机遇，勇于创新，不断推动教育改革，才能实现更好的发展。

第二节 “互联网 +”视域下高校教育管理面临的机遇

随着工业社会向信息社会的过渡转型，国际化和信息化已经成为高等教育发展的必然趋势。特别是“互联网 +”时代的到来，以及最近几年大规模公开在线课程的广泛兴起，正在引发世界范围内高等教育的竞争与变革。在这种背景下，我国高等教育的发展方式正在全面转型，而这种转型也给我国高校教育带来了更多的机遇。

一、“互联网 +”让高校教育从封闭走向开放

在我国，教育尤其是高校教育的质量具有较大的差距，同一个专业在不同的

高校所开设的课程是不一样的，培养方式也是不一样的，再加上高校开设课程时间的长短以及教师对于课程方面研究的程度、课程解读的不同，都会造成不同的效果。

“互联网 +”打破了权威对知识的垄断，让教育从封闭走向开放，使得优质的教育资源不再局限于少数的名校之中，人们不分国界、老幼都可以通过网络接触到最优质的教育资源。在全球开放的时代背景下，正在加速形成一个基于全球性的知识库，通过互联网，人们可以随时随地地从这个知识库中获取各国、各地区优质的学习资源。

二、“互联网 +”降低了学生接受高校教育的成本

美国皮尤研究中心 2013 年 3 月份的一项研究发现，60 % 的美国成年人认为，高校对于国家的发展具有积极的作用；84 % 的高校毕业生认为，对他们而言，接受高等教育的费用支出是一项很好的教育投资。但是，该中心 2011 年的另一项调查发现，75 % 的受访成年人认为，对大多数美国人来说，上大学的费用过高，几乎难以负担；57 % 的受访者说，美国高等教育体系没能让学生及其家庭的花费物有所值。[①] 国家统计局的调查表明，自从 2005 年开始，我国家庭中子女的教育支出在家庭可支配收入中占的比重不断增长，大学学费在近 20 年内上涨了近 25 倍，而我国居民的人均收入增长仅 4 倍，在扣除了通货膨胀的因素之后增长仅有 2.5 倍，大学学费的增长幅度几乎是居民收入的十倍，但是大多数学生尤其是所谓的非热门专业的学生毕业后很难得到相应的投资回报。[②] 但是“互联网 +”的出现，使得用户可以免费享用各种资源。由此，“互联网 + 教育”使得高校学生能够通过较低的成本得到更优质的教育资源，从而促进更多的学生去主动学习，避免了很多由于家庭贫困而上不起大学的学生得不到优质的教育。中国广西大学教授巴恩斯（Barnes）预言：“大学日趋增长的成本难以为继，尤其是在大学教育全球化日趋增长的情况下，更是如此。所以，借助网络实施高等教育的做法才会迅猛

① Janna Q.Anderson，Jan L.Boyles，Lee Rainle. 互联网对高等教育未来的影响 [J]. 高等工程教育研究，2013（3）：38—45.

② 罗云，王义 . 我国家庭高等教育投资的历史研究及现状分析 [J]. 继续教育研究，2008（6）：135—138.

发展，这种方式更加经济、高效。”①

互联网充分发挥了优质教育资源的作用和价值，从传统的一位教师只能服务几十个学生扩大到能服务几千个甚至数万个学生，使得教师能够从繁重的教学任务中解脱出来。另外，互联网联通一切的特性让跨区域、跨行业、跨时间的合作研究成为可能，这也在很大程度上规避了低水平的重复。

三、“互联网 +”改变了高校的教学模式

互联网改变了传统的“以教师为中心”的授课形式，使其转变成“以学生为中心”的形式。在“校校通、班班通、人人通”的“互联网 +”时代，学生获取知识已变得非常快捷，教师必须调整自身定位，让自己和学生成为学习的伙伴。

互联网中的用户思维就是指在价值链的各个环节都要“以用户为中心”去思考问题，根据用户的需求进行服务。在“互联网 +”时代，利用大数据分析学生的特点，准确分析学生的兴趣爱好、认知水平、接受能力等，然后在此基础上进行因材施教。例如美国亚利桑那州立大学，采用了一个在线教育服务商 Knewton 的“动态适配学习技术”来提高学生的数学水平在使用该系统两个学期之后，该学校的辍学率下降了 56 %，毕业率从 64 % 上升到 75 %。因此，利用大数据进行学生特性的分析，然后为学生提供相应的教学，这样能够更为有效地提升学生的学习效果。为了满足学生的需要，互联网为学生提供了多种学习模式，如体验式学习、协作式学习及混合学习等。而其中最具特点的是 4A（Anytime、Anywhere、Anyway、Anybody）学习模式，即学生可以在任何时间、在任何地点、以任何方式、从任何人那里学习。这也在一定程度上体现了学生自主学习的理念。

传统教育体系中包括教育对象和教育环境两大体系，教育对象指的是学生，而教育环境则包括了学生周围的人和事物，包括教师、教学内容、教学条件等。在传统的教学系统中，高校的出发点和落脚点在于考试和升学，对于人的发展关注得比较少，导致学生之间缺少差异性。但是英国著名教育理论家怀特海（Whitehead）提出：“学生是有血有肉的人，教育的目的是激发和引导他们的自

① Janna Q.Anderson, Jan L.Boyles, Lee Rainle. 互联网对高等教育未来的影响 [J]. 高等工程教育研究，2013 (03)：38–45.

我发展之路。"也就是说，教育的核心是要充分调动人的主体意识，使其在学习、发展过程中变"被动"为"主动"，产生积极主动的心理状态，从而提高自身的认知水平和学习效率。而互联网时代强调的就是主动性和创新性，通过提升学生的主动性来提升教育的能力。

首先，"互联网 + 教育"为传统的教育体系提供了新的知识信息源泉，使得原有的学生子系统能够更为快捷和方便地与外部的大系统进行知识的交互，获取信息，从而推动教育的发展。其次，互联网的虚拟环境能够为学生创造一个拟真世界，学生能够利用互联网从三维的视角去认知、探索世界。陶行知曾说："中国的教员、学生，实在太迷信书本了。他们以为书本可以耕田、织布、治国、平天下；他们以为要想耕田、织布、治国、平天下，只要读读书就会了。"[①] 陶行知认为学习应该是实践与认知相结合的过程，而非沉浸在书本中。在"互联网 +"时代，学生能够通过网络中的拟真世界进行相应的实践，并随时根据网络的信息更新知识，从而提高学生的实践操作能力。

"互联网 +"也催生出相关的教育市场，教育要素自发在国际流动，使得我国高校教育面临市场化和国际化的冲击。

第三节 "互联网 +"视域下高校教育管理面临的挑战

一、"互联网 +"使高校大学教育面临市场化的冲击

随着互联网的普及，人们的学习门槛大大降低。现在，许多学生都通过网络获取知识，因为它提供了各种各样的学习资源，使得学习变得更加方便。这样，学生在任何时间和地点都能够轻松地学习自己感兴趣的内容，从而扩大了学习的范围。但这种情况会导致学习体系的不完善，学生缺乏思考和分析的能力，无法有效地理解和掌握大量的信息，也无法将知识结合起来，形成有意义的知识网络，从而降低学习的深度。随着信息技术的发展，学生可以通过多种渠道获取知识，但是由于缺乏有效的监管，这些信息的准确性、可靠性和合法性仍然存在许多挑战。

① 陶行知．陶行知文集[M]．南京：江苏教育出版社，2008.

另外，在“互联网 +”时代，高校教育的育人功能正面临着被削弱的危险。传统的高校教育模式依赖于教师的直接传授，教师只能将自身的知识、价值观和经验传授给学生，而无法给予学生全面的培养和指导。随着互联网时代的到来，师生之间的交流不再仅仅局限于知识层面，而是更加注重情感表达和沟通，这使得教育的育人功能受到了极大的冲击，对高校教育产生了深远的影响。当代大学生应该具备一定的判断力，但是他们仍需要在面对复杂的环境时，依靠教师的指导，以及在开放的互联网社会中寻求解决方案，从而能够培养正确的人生观、价值观和思维习惯。互联网技术的发展对学生的学习心态产生了深远的影响，使得传统的教师角色受到削弱。

随着科技的飞速进步，高校也在不断改进自身，以更好地满足学生对于知识的渴求，并对学生的表现进行评估。但是，随着新兴的信息产业的发展，高等教育也面临着来自科技的挑战。如今，知识的传播不再仅仅局限于大学校园，云计算、数字课本、移动网络、高质量流式视频、即时信息收集等新兴技术的出现，使得“无固定地点的”网络成了一个极具吸引力的平台，它们能够让人们获取更多的知识与资讯。在上述背景下，新技术催生出相关的教育市场，大规模公开在线课程开始备受人们的关注。如今真正需要思考的是，有多少人能从在线课程中获得真才实学？关于学生是谁、学生的具体问题是什么、怎样有针对性地解决学生的疑问等问题，都需要教师与学生进行面对面的交流来寻找答案。

二、“互联网 +”使高校大学教育面临国际化的冲击

随着经济全球化的飞速发展，人力资源和物质资源的跨境流动已经成为一种新的常态。这种资源的流动不仅仅体现在教育领域，而且推动了教育要素的国际化，实现了教育资源的优化配置，使得世界各国之间的教育交流变得越来越频繁，竞争也变得更加激烈，从而形成了一个普遍的教育国际化趋势。随着全球经济一体化进程的加快，教育国际化已成为各国政府的重要战略。因此，各国人才培养的目标、内容、手段和方法的选择，不仅要符合本国的社会经济发展需求，更要充分考虑到国际产业分工、贸易互补等新兴的经济文化交流与合作的趋势。随着全球经济一体化和贸易自由化的推进，“国内”和“国际”两个教育市场的重要性日益凸显，各国都在努力优化自身的教育资源和要素，以期在国际上获得竞争

优势，培养出具有国际竞争力的高素质人才，为国家发展和繁荣作出贡献。

从方法论的角度来看，教育国际化是一种跨越国界的教育发展模式，它以国际视野为基础，将教育要素融入全球范围，从高等教育到中等教育、基础教育、职业教育等，都可以从中获益。钟秉林教授指出，教育领域的人力资源流动是指教师和学生之间的流动，而物质资源流动则是指课程、教材、课件等资源的流动，这些资源的流动可以通过各种形式的国际教育项目来实现。根据全国高校的统计数据，至少有 2/3 的高校已经开展了中外交流或合作办学项目。通过合作办学，国际化的课件、教材可以得到有效的传播，学生和教师也可以跨越国界，获取更多的资源。此外，这种跨境流动也将带来教育理念、教学方式和管理模式的全球性融合，从而推动教育的发展。

三、“互联网 +”使大学生受到学习碎片化的影响

学习碎片化起始于信息碎片化，进而带来知识碎片化、时间碎片化、空间碎片化、媒体碎片化、关系碎片化等，即学习者可以利用乘坐公交车、课间休息、睡前等的零碎时间，通过网络获取一些零碎的知识。碎片化学习资源具有短小精悍、结构松散、传播迅速、生命周期短、去中心化、多元化与娱乐化以及多方式表达、多平台呈现的特点。而也正是这些特点导致学生对网络学习产生障碍。

首先，碎片化知识短小精悍、结构松散促进了学生认知方式的转变，对新知识的呈现形态提出新的要求，学生适应了简短的信息阅读方式，可能会对较长的信息和图书阅读产生不适感。而且长期以来，高校教育都是系统的知识教育，而结构松散的知识要求学生能够对知识进行加工建构，否则学生就会产生认知的障碍，甚至以偏概全。

其次，随着碎片化知识的迅速传播和生命周期的缩短，学生面临着更高的记忆要求。然而，大多数学生仍习惯于通过纸质书籍获取连续、线性的知识，这种方式使得信息之间的联系变得更加紧密，从而有助于学生更好地记忆知识。然而，碎片化知识的记忆主要是短暂的，因此学生在日后提取信息时可能会出现虚构和错误构建，导致信息失真。

最后，随着信息碎片化的不断加剧，学生的思维变得越来越分散，容易被环境中不断变化的新信息所吸引，尤其是娱乐信息，从而导致他们无法集中精力深

入思考一个问题，甚至出现思维跳跃的情况。互联网时代教育与各行各业不断融合，知识不断更新拓展，知识的复杂度加强，信息以指数级增长，且呈现出碎片化的形式，可用的资源虽丰富却也鱼龙混杂。因此，学生需要对知识信息进行加工处理，而这对于学习能力不足、信息加工处理能力不足的学生来说是一个巨大的挑战。

第六章 “互联网 +”视域下高校教育管理的革新

在互联网信息时代的背景下，尤其是在新一轮的科技革命和产业变革兴起的浪潮中，我国的教育变革呼之欲出，本章对“互联网 +”视域下高校教育管理革新的目标、理念和途径进行了论述。

第一节 “互联网 +”视域下高校教育管理革新的目标

一、教育管理模式改革的价值定位

（一）个人价值坐标——培养个性化的人才，实现人的自由和全面发展

人的发展是一个复杂的过程，它涉及个人的智力、体质、情感、社会能力和人际交往能力的全面提升，以及个人潜能的发挥，这是教育的核心目标，也是我们追求的最终目标。互联网教育应该以人的发展为核心，发挥其内在价值和外在价值，以此来实现教育目标。通过开发和利用各种学习资源、学习方式和教学方法，来促进人的全面发展，培养出具有创新能力和实践能力的新一代人才。为了实现人的自由全面发展，我们必须以一种批判性的眼光来审视教育，发现教育中不利于人的发展的缺陷，并不断改革，以满足社会的需求。

价值理性不仅是一种反思和批判现实世界的能力，更是一种建构理性，它旨在构建一个更加美好的世界，以满足人类本性、实现目标和发展。因此，互联网等信息技术的价值理性为互联网教育研究和实践提供了一种有效的指导，以期实现真正的教育变革。

教育目标应当突出“人”的主体性，以培养具有全面自由发展能力的人，而不是仅仅把他们当作“器”。然而，在过去的实践中，我们往往忽略了目的与手段之间的关系，从而导致了二者之间的分离。尽管我国投入了大量的资源来建设互联网和信息化，但教育教学的效果仍然不尽如人意。研究结果显示，使用互联网 IT 和不使用互联网 IT，教育教学的效果没有显著差异。出现这一问题的根源是，以往我们从工具、“器”本位的角度出发，而不是从人本位的角度出发来审视和对待教育，没有真正找到教育对互联网信息技术的现实与未来需求，把互联网等信息技术在教育教学领域内的应用简单地视为一种单纯的技术过程，忽视了这一过程背后蕴含的错综复杂的社会历史文化背景，没有把握好教育信息化与教育现代化的关系（教育内部各子系统之间的关系）、教育信息化与相关领域信息化的关系（教育系统与外部环境之间的关系）、教育信息化顶层设计与区域教育规划的关系（不同层次之间的关系）、教育信息化建设继承和创新的关系（历史、现实与未来之间的关系）。

（二）社会价值坐标——培养创新型人才，推动社会创新发展

教育是民族复兴和社会发展的基础，它不仅能够培养各种人才，更是推动社会进步发展的重要工程。互联网教育是集规模化与个性化、规范性与开放性、预设性与生成性于一体的教育活动，能够培养创新型人才，推动社会创新发展。

二、互联网时代的教育管理目标变革

教育的内在价值在于，它应该以培养人的本性和本能为核心，以促进人的全面发展为目标。而外在价值则在于，它应该以满足社会需求为目标，以培养社会所需要的人为宗旨，以满足个人需求为导向，以实现社会发展的最终目标。

（一）教育的个人担当——要回归到人的本真存在

教育的本质目标是促进人的全面发展，帮助个体不断提升自我，而不是仅仅追求利益和效果。教育不应该被“利”和“效”所异化，而应该回归到人的本真存在。教育的目标是帮助学生发掘内心的潜能，培养他们的理性思维和直觉能力，以追求真、善、美。

教育应该聚焦于人的本质，关注人的价值和尊严。教育不仅要培养人的理性思维，还要培养人的非理性思维。理性思维和非理性思维是人全面发展的两个重要组成部分，相互依存和影响。教育不仅仅是传授知识，更是一种激发人们潜能、培养理性思维和创新思维的过程。它旨在唤醒人们内心深处的潜能，培养理性和非理性的思维，让人们获得全面的发展，从而推动社会的进步。

（二）教育的社会担当——要承担引领社会创新发展的使命

教育的外在价值是社会工具价值，承担社会发展所需要的人才培养和选拔功能。联合国教科文组织前任总干事博科娃（Bokova）认为再没有比教育更加强大的变革力量，教育承担着引领社会发展的使命。

这是一个怎样发展的社会呢，随着信息技术的飞速发展，第三次工业革命已经开始，3D 打印技术可以将人类的想象力转换为可以实际生产的产品，智能制造和环保制造也正在迅速推广，个性化、分散化和合作的社会正在不断地发展壮大。随着人工智能的飞速发展，未来的机器人将拥有更强大的功能，使得我们的社会更加智慧化。在这个科技日新月异的时代，我们必须深入思考，如何应对这种由新技术引起的变化，以及如何培养出更多的有价值的人才？ 如何通过现代化的教育来培养符合社会发展需求的人才？

教育要承担促进社会进步发展的使命，需要培养大批能够适应时代需求的创新型人才。以数字化制造、新能源、新材料应用以及计算机网络为代表的第三次工业革命时代不仅需要基础劳动者，更需要高端创新型人才。

（三）教育的时代担当——构建具有全球视野的新人文教育观

在当今信息时代，教育目标的定位需要从全球视野出发，以满足社会发展的新要求。因此，我们应该积极推进教育教学变革，以满足社会发展的需求。我国学生的核心素养可以归纳为三个方面：文化基础、自主发展和社会参与。文化基础涵盖了丰富的人文知识和科学精神；自主发展涉及学习能力和健康生活方式；社会参与涉及责任感和实践能力。随着科技的进步，产生了新人文教育理念。这一理念不仅仅是为了满足当今时代的需求，更是为未来的发展奠定了坚实的基础。新的人文教育旨在培养具有独特思维和创造力的人才。

周洪宇教授最先总结归纳了互联网信息时代的新人文教育目标观：应以人为

本，充满人文关怀；应注重个性发展，丰富情感，健全人格；应培养人类整体意识，做有全球观、中国心、正义感的现代公民；应培养科学精神，善于思辨，掌握技能，适应未来生活；应师生平等，合作共享，因材施教，教学相长；应尊重和保持文化的丰富性和多元性，提供选择的多样性，求同存异，和谐共生；应融合本土和域外优良教育传统，传承和发展文明；应开放、创新、勇于探索；应重视终身教育和终身学习，具有可持续性；应注重绿色生态和环境教育，养成同理心。

周洪宇教授提出的新人文教育强调以人为本，注重学生的个性发展，让他们拥有健全的人格，实现全面自由发展，激发学生的探究创新精神，培养他们积极的情感态度和价值观，从而实现教育的最终目标。在互联网时代，教育的核心价值在于：帮助学生建立起与知识的紧密联系，让他们感受到知识的美妙和价值，自觉传承知识，发掘新知识，激发创新精神，促进个性发展，让他们成为一个自由自主的个体。

在信息时代，教育目标的变革需要体现教育的内在价值和社会价值，以及个人、社会和时代的责任。个人责任，即要坚持以人为本，充满人文关怀，注重个性发展和健全人格，实现个性化和人的自由全面发展；社会责任，即要融合优良教育传统，传承和发展文明，培养具有全球观、中国心和正义感的现代公民，承担起社会责任和历史使命；时代责任，即要把握时代发展的脉搏，推动教育改革，促进教育的发展，实现教育的公平、公正和可持续发展。要以人类历史发展的视角来审视教育目标，树立全球意识和观念，尊重的文化多样性和丰富性，建立和谐共生的关系，培养科学精神，勇于创新和探索，适应未来生活，以实现可持续发展。

第二节 “互联网 +”视域下高校教育管理革新的理念

一、融入开放性的思想

我国现阶段的高等教育已经从原来的精英教育转变为大众化教育，学生的求学情况、知识基础与以往相比发生了很大的改变。政治辅导员和班主任要指导学生正确面对竞争、面对择业、面对压力，引导学生规划人生，培养学生有宽广的胸怀和健全的人格，努力把德育融入学生成才、就业的全过程，提高工作效率和工作水平，营造更好的育人环境和氛围。

（一）建立优秀的管理团队和制度

如何适应时代的要求，培养社会需要的人才，是学生管理工作的永恒话题，同时对学生管理领导干部提出了更高的要求，必须加强队伍建设。高校领导应提高对学生管理工作的重要性的认识，挑选一批思想素质高、工作能力强、具有一定学生管理工作经验的工作人员负责学生管理工作。经常性地组织并开展对各分校、教学点学生管理人员的专业培训，全面提升其素质。积极开展校与校之间学生管理工作的交流，请学生管理工作突出的管理人士讲解、传授管理经验，并通过讨论交流，达到共同提高、共同进步的目的。

高校应建立管理人员引进、培训、考核、交流的整套制度。完善引进程序，严把入口关，力争把有能力、责任心强的管理人员引进来。管理人员应对以现代计算机网络为主的多媒体现代远程教育技术有较深的掌握，能熟练运用计算机网络等媒体技术获取教学资源，并能配合辅导教师进行教学资源的整合，组织和指导学生开展网上答疑、BBS 讨论、双向视频等网上教学活动，利用 QQ 群、E-mail 等与学生进行日常沟通。完善管理人员的流动计划，打破以往教师队伍建设的封闭体系，激活用人机制，拓宽导学教师出口，加强导学教师的交流和提拔，解决导学教师的后顾之忧。

为解决管理人员流动性较强、流失率较高的问题，必须加强管理人员的专业化建设，其中最主要的就是更新观念，全面提高管理人员的综合素质。管理人员在工作了一段时间以后就会积累一定的工作经验，也会认识到自身的不足。高校要能制定一套完整的培训机制，给他们更多培训学习的机会，还可以加强管理人员之间的沟通与交流，使其业务能力不断提高，确保其在工作中发挥应有的作用，保证开放教育学生的培养质量。

（二）营造良好的校园文化氛围

开放教育的学生多以参加远程教育学习为主，因此高校应主动提供学生情感交流、培养兴趣和寻求帮助的平台，促进学生之间的交流沟通，解答学生的疑惑，传递情感关怀，培养同学友谊，消除学习孤独感，增强学生对开放教育的身份认同感、归属感和凝聚力，营造积极向上的校园文化氛围，促进学生的管理、学习和发展。高校可以经常性地开展校区、班级之间的比赛活动，增进学生之间的友谊，有针对性地聘请相关行业的专家学者到学校举办讲座，鼓励学生积极参与和交流。教师应合理引导学生，帮助其树立明确的学习目标，能够自我检测和反馈。

二、坚持以人为本的理念

随着现代教育的发展和教育改革的深入，以人为本的学生管理将最终取代传统的学生管理，这是学生管理改革和发展的必然趋势。人是管理中的首要要素，因而提高人的素质、调动人的积极性、促进人的全面发展是提高管理效果的关键。科学发展观的本质和核心是坚持以人为本。坚持以人为本，不仅在人类思想发展史上具有重要的理论价值，更应成为当今高校一种新的办学理念。

（一）加深对学生的本质认识

在高校学生管理中，我们必须深入了解并把握学生的需求，并根据他们的发展情况来制订合适的计划。这样才能更好地满足每个学生的独特需求，并为他们提供最佳的学习环境。每个人的需求都是不同的，但它们之间也有着密切的联系。尤其是在高校里，学生对于自己所处的管理环境的反应，对于自己在高校中的地位的认知，对于学习、恋爱、人际关系、就业等方面的需求，都会影响到他们的管理效果。离开了对这些因素的认识、洞察和把握，高校学生管理就成了无源之水、无本之木。因此，只有全面考虑学生的个体情况，重视个人需要在管理中的地位和作用，并把它们看作运动的、变化的，高校学生管理才能有的放矢，提高管理效率，收到预期的效果。

（二）营造以人为本的校园文化环境

环境对于我们的生活至关重要，它不仅是自然界的组成部分，也是一个社会的基础。校园的物质环境包括建筑物的设计、景观、空间布置、教育设施和课程安排，它们共同为学生提供了一个舒适、安全、宜人的学习空间。而精神环境则涵盖了高校的传统文化、校训、价值观念、社会交往、思想情感、社会活动等，它们共同构成了一个温馨和谐的校园。人的成长和能力的发展是遗传、教育和环境共同作用的结果。在高校，这种影响人的成长和能力发展的环境就是校园文化氛围，它对学校的教育工作和师生生活都有重要的影响。通过开展多样化的学生集体活动，不仅可以培养学生崇高的理想和高尚的道德情操，还能够激发他们的兴趣爱好和特长，让他们克服不良习惯和意识，从而有效地促进学生思想品德的形成和发展。

（三）构建以学生为中心的管理模式，实现学生自我管理

在教育工作中，必须确保学生的主体地位，尊重并维护他们的自主学习权利。这样才能让学生的主观能动性得到充分发挥，让他们的个性得到充分展示，并且让学生的潜能和发展潜质得到最大化的开发。通过积极引导学生实施“自我管理、自我教育、自我约束、自我服务、自我发展”的方式，不仅可以激发他们的创新精神，培养他们独立思考、分析问题、解决问题的能力，还可以为他们的自主发展提供更多的可能性。

高校应以“以人为本，和谐发展”的管理理念为指导，努力探索新的方法来取得成功，并且关注学生的日常生活和学习表现；将为学生服务放在首位，并创造性地进行管理；倡导积极向上的学习观、人生观和价值观，并努力推动学生管理模式的改革和创新，从而真正促进学生的全面发展、和谐发展和持续发展。

第三节 “互联网 +”视域下高校教育管理革新的途径

一、营造健康积极的高校学生管理环境

随着网络技术的发展，网络文化建设已经成为社会关注的热点，网民的数量剧增，网络文化业态呈现多元化的趋势，它对我们的工作、学习、生活产生的影响也越来越大。高校网络管理中心是全校网络运行的主要支撑平台和防范不法分子利用网络破坏高校稳定的堡垒，是展示高校整体风貌的“窗口”，是高校重要的舆论宣传阵地。

（一）提高学生的文化素养、自我调节与管理能力

为了建设社会主义网络思想阵地，培养和提高大学生网民对有害信息的自觉

抵制意识和能力至关重要。因此，我们应该让大学生学会做自己的心理医生，以便他们能够更好地保持健康的情绪，及时宣泄不良情绪，找到合理表达自己诉求的方法，并且避免过度沉迷于网络游戏。为了让大学生能够更好地适应大学的集体生活，应该让他们学会计划自己的生活，建立合理的生活秩序。特别是对于那些生活自理能力较差的学生，应该给予他们更多的关爱和帮助，让他们能够建立良好的人际关系。为了培养学生的道德自律意识，高校应该教育他们在网络社会中遵守基本的行为准则，自觉提高修养，树立正确的世界观、人生观和价值观，这样才能让他们在未来的社会中更加自立、自强。

（二）营造积极健康的校园文化环境

为了保护网络环境，我们必须积极采取措施，通过科学研究和技术手段来消除有害信息。同时还需要加强校园文化建设。首先，应该把学生放在重中之重的位置，积极组织各种富有时代感、年轻气息的文化活动，努力激发学生的兴趣，让他们更加专注。其次，应该及时发现并帮助那些沉溺于网络游戏的学生，为他们创造一个良好的学习环境。高校应该采取措施，加强对网络游戏的监管，严格禁止任何形式的不良信息传播，以营造充满正能量、健康活跃的网络文化氛围。

（三）加大网络监管力度，有效管理网络文化

当今的大学生受到世界经济的影响较深，他们对新鲜事物的探索和尝试也更加积极。然而，由于他们缺乏社会经验，可能会做出违反国家法律和社会道德的事情。因此，高校应该发挥思想政治教育的优势，引导大学生明辨是非、美丑，不制作、不传播、不散布有害信息，树立良好的网络道德品质，自觉抵制不良文化的侵蚀。

（四）以学生为本，创新高校网络思想政治教育

高校要尊重大学生的主体意识，以学生为本，通过教育目标、教育过程、教育手段、教育方法的设计，凸显大学生的主体地位，增强其网络主体的自主性和创造性，提高大学生对网络的驾驭能力，在知识积累、能力锻炼的同时，促进大学生的全面健康发展。

二、提升信息化管理水平

（一）高校学生管理信息化建设的必要性

高校学生管理的信息化建设是高校学生管理进步的内在要求，信息化平台的建设也为高校学生管理工作提供了具体的服务内容。除了教学管理工作外，学生管理工作也是高校管理的一项重要工作。高校是国家教育的核心组织，它的发展与社会的进步密切相关。学生的教育工作不仅涉及专业知识和技能的传授，也涉及心理健康的指导、个人素养的培养。学生辅导员在这方面扮演着至关重要的角色，他们负责指导并协调学生的日常事务和学习生活，而这些任务的完成，正在逐渐受益于信息技术和互联网的普及。

（二）高校学生管理信息化建设模式

为了推动高校学生管理信息化建设，我们需要采取有效措施，包括建立学生信息管理数据中心，利用先进的计算机技术开发业务系统，实现对学生信息的有效采集和处理，并在网络平台上提供多部门的信息服务，提高教学质量。同时，还需要加强对信息技术应用的研究，不断更新和完善相关软件和硬件设备，以满足不同领域的需求。此外，还可以通过人才培养和社会实践活动相结合的方式来提高学生的综合素质。在高校学生管理信息化建设中，应重视信息化系统的安全性问题。要保证信息化系统中的个人隐私得到保护，防止信息泄露或被篡改的情况发生。

首先，应当建立教师信息数据库，并通过计算机技术进行有效的管理和分析。其次，可以采用多种方式来加强教师队伍的培训和交流。例如，可以通过线上课程、讲座、研讨会等多种形式来开展师资培训工作。最后，可以借助现代科技手段，如虚拟教室、在线答疑等，为学生提供更好的学习环境和资源支持。总之，高校教师管理信息化建设是一项非常重要的工作，它不仅能够提高教学效果和效率，还能够更好地保障师生安全。通过采用信息化管理模式，学生可以更快、更准确地获取信息，而高校也可以利用信息化管理平台更有效地处理学生信息，从而大大地提升高校的管理水平。

（三）高校学生管理信息化建设策略分析

1. 充分认识到信息化建设的重要性

信息化浪潮的到来把高校信息化建设的问题推上了全新的战略高度，高校作为国家教育活动的基本单元，对社会发展和科教强国的策略起着至关重要的作用。高校要充分认识到信息化建设的重要性，深入理解信息化系统的优势，从人为角度优化管理工作，借助信息化系统，从而实现更快更好的管理。

2. 提高管理人员水平，加强管理队伍建设

为了更好地推动高校学生管理信息化建设，建立健全的管理系统，管理队伍非常重要。管理队伍是高校管理决策的制定者，是管理制度的执行者，是管理工作的协调者，对管理水平有着较大影响。

3. 明确建设目标，整合管理资源，加快信息化建设步伐

高校学生管理的信息化建设要有明确的发展目标和发展规划，信息化技术的不断发展决定了教育管理同样需要宏观的规划。在既定的目标下，按照不同机构和不同阶段，不断完善系统，避免管理系统中因为信息交流困难而无法实现管理职能。

4. 完善管理信息系统，实现管理功能的具体化

推动高校学生管理的信息化建设，要不断完善管理信息系统，开发功能模块，除了建立先进的管理体制外，还要借助管理平台落实各种管理功能，让信息化管理落实到每个管理环节，提高学生管理的整体效率。

参考文献

[1] 田自立．“互联网 +”视域下高校思想政治教育实践研究 [M]. 延吉：延边大学出版社，2022.

[2] 殷华西．互联网视域下高校创新创业教育研究 [M]. 哈尔滨：东北林业大学出版社，2021.

[3] 洪剑锋，屈先蓉，杨芳．互联网时代下高校教育管理与评价创新 [M]. 延吉：延边大学出版社，2021.

[4] 刘鑫军，孙亚东．互联网时代高校教育管理模式改革与实践研究 [M]. 长春：吉林人民出版社，2021.

[5] 蔡永明．互联网时代下高校教育创新发展 [M]. 哈尔滨：北方文艺出版社，2022.

[6] 孙晓杰，陈吉庆，冯锟．当代高校“互联网 +”创新创业教育研究 [M]. 吉林：吉林出版集团股份有限公司，2021.

[7] 冉冉，冯晨静，齐建云．互联网时代下高校教育教学创新研究 [M]. 北京：中国原子能出版社，2021.

[8] 孟冬妍．“互联网 +”环境下的高校创新教育管理与研究 [M]. 长春：吉林人民出版社，2020.

[9] 王潇音．互联网时代下高校教育教学管理的创新研究 [M]. 北京：中国原子能出版社，2018.

[10] 李爽．“互联网 +”时代高校课堂教学创新 [M]. 哈尔滨：黑龙江教育出版社，2020.

[11] 周萍，吴冰冰．“互联网 +”背景下高校教育管理模式的变革与创新 [J]. 黑龙江教师发展学院学报，2023，42（6）：24−26.

[12] 水君飞．“互联网 +”背景下高校教育管理模式的变革与创新 [J]. 中国多媒

体与网络教学学报（上旬刊），2023（5）：100–103.
[13] 杨俊萍，陈海燕．“互联网＋”时代的高校教学管理创新模式构建 [J]. 湖北开放职业学院学报，2023，36（7）：10–11；14.
[14] 张海战．关于“互联网＋”时代创新高校教育管理的几点思考 [J]. 科学咨询，2022（12）：27–29.
[15] 徐浩倬．“互联网＋”时代高校教育管理优化路径研究 [J]. 中国新通信，2022，24（22）：54–56.
[16] 王洪法．互联网＋背景下高校教育管理工作方式的创新与优化 [J]. 中国多媒体与网络教学学报（中旬刊），2022（10）：119–122.
[17] 杨凤英，孙丰云．“互联网＋教育”视域下高校教学管理信息化建设研究 [J]. 山西青年，2022（11）：147–149.
[18] 韩志强．基于“互联网＋”的高校教育管理模式创新与启示 [J]. 中国管理信息化，2022，25（4）：199–201.
[19] 谈博深．智慧校园——“互联网＋”时代下的高校教育转型 [J]. 教育信息化论坛，2021（7）：47–48.
[20] 毕建平．浅谈“互联网＋”时代高校教育管理工作的变革与发展 [J]. 文教资料，2020（29）：112–113.
[21] 林雨．“互联网＋”背景下地方高校学生教育管理新模式研究 [D]. 株洲：湖南工业大学，2021.
[22] 杨亚宁．数据驱动的高校教育管理信息化水平评估研究 [D]. 武汉：华中师范大学，2019.
[23] 宋华兴．高校“以生为本”教育管理实践的哲学逻辑与现实路径研究 [D]. 重庆：重庆师范大学，2019.
[24] 姜丽莉．高校人文管理存在的问题与解决对策 [D]. 长春：长春工业大学，2018.
[25] 李刁．“互联网＋”时代高校德育实践创新研究 [D]. 武汉：华中师范大学，2017.
[26] 陈桂香．大数据对我国高校教育管理的影响及对策研究 [D]. 武汉：武汉大学，2017.

[27] 李向阳 . 基于大数据环境下高校教育管理信息化创新与发展研究 [D]. 信阳：信阳师范学院，2017.

[28] 郭丹 . 高校教育管理信息资源整合的研究 [D]. 大庆：东北石油大学，2012.

[29] 闫晓楠 . 新时期高校学生管理工作研究 [D]. 大庆：东北石油大学，2012.

[30] 赵振华 . 新形势下高校学生教育管理探究 [D]. 北京：中国石油大学，2011.